U0024346

台海兩岸

綜合實力對比及預測

郝 望◎著

目　次

編者按：本書文中用詞，於出現正式名稱時，使用「臺」
　　　　字，如臺灣、臺灣海峽、新臺幣、臺北、臺中……
　　　　等；如為簡稱時，用「台」字，如台海、台獨、
　　　　對台、攻台……等。

緒　論

　　一國的綜合實力是每個有賴其福蔭的國民所關心的。對於台海兩岸的實力，人們沒有一致的認識。近來大陸內部瀰漫著樂觀的氣氛，有人認為臺灣政治、經濟、軍事等各方面的表現都很差，以中國目前的實力足以打下臺灣，而臺灣島內不少人則認為臺灣的實力足以與大陸對抗，即使台獨大陸也不敢攻台。唯有客觀瞭解雙方的實力方有利於兩岸政府制定正確的政策，民眾對局勢保持清楚的認識，及維持台海和平，筆者期望能通過對綜合國力的主要因素的探討而引起人們對這一問題的重視及對其意義的理解。

第一節　危險的台海局勢

　　二〇〇四年的臺灣總統選舉，陳水扁總統推動公投。兩個公投題目無關痛癢，但陳水扁卻在中國大陸、美國及島內藍營民眾的壓力下執意進行，顯示出其為統獨公投鋪路的意圖。競選過程中，陳水扁還推出二〇〇六年制憲及二〇〇八年實行新憲法的台獨時間表。大陸已明確表示，台獨時間表就是大陸武力統一的時間表，兩岸的武力衝突大有一觸即發之勢。

　　陳水扁除了為台獨做政治上的安排，也在進行軍事上的準備。在二〇〇四年陳水扁再次當選後，臺灣便通過高達六千一百〇八億新臺幣的對美軍購預算，大量購買先進武器。同時臺灣進行了有史以來規模最大和時間最長的「漢光演

習」。隨著陳水扁加緊台獨的腳步，臺灣海峽的上空已經戰雲密布，戰爭似乎已經離我們不遠。

自古以來的戰爭從來都不只是軍事實力的比拼，而是綜合實力的比拼。假設台海大戰在二〇〇六或二〇〇八爆發，大陸或臺灣誰有足夠的實力贏得戰爭？大陸的綜合實力是否強於臺灣？如果是的話，強多少？為什麼大陸目前要堅持和平統一的政策？如果近幾年內兩岸不會爆發戰爭，那麼兩岸的實力對比的前景如何？本書期望能解答這些問題。

第二節 北京對台政策的基點：綜合國力之提高

從李登輝的兩國論到陳水扁的漸進台獨，臺灣一再逼近北京對台政策的底線，然而北京並未有對台動武的實際動作。筆者認為北京如此溫和的反應不是偶然的，而是建基於國家發展的大戰略之上的。北京的大戰略是要爭取和平的發展環境，以期全面提升綜合實力，待具備充足實力時再解決臺灣問題。這種大戰略雖然不是只針對臺灣，但其對兩岸的影響則是深遠的。然而，人們似乎對於北京對台政策的基石是綜合國力的提高這一點並未有深刻理解。

把提高綜合國力作為對台政策的基石起始於鄧小平時代。鄧小平十分清楚，兩岸關係發展中，大陸的現代化是一個關鍵，大陸的現代化是創造兩岸統一的重要因素。兩岸關係是由兩岸的相對實力對比所決定的。中國的國家發展戰略是全面提高綜合國力，以實現長期國家目標。鄧小平在上世紀七十年代末首次將這個戰略融入到「實現四個現代化」的政策中。一九九一年一月二十八日，大陸下發楊尚昆在全國

對台工作會議上的講話，認為完成統一事業的關鍵是通過改革開放使綜合國力不斷增強。鄧去世後，以江澤民為首的領導層重申了這個戰略。

北京於一九九八年五月舉行「全國對台工作會議」。新華社的新聞用「一九九〇年中共中央對台工作會議以來」的字眼，來暗示這次會議的重要性。其參加人數之多，規格之高是自一九九〇年以來所沒有的。這次對台會議是在鄧小平逝世後，江澤民直接主管大陸對台大政方針的背景下召開的，也是江澤民主政九年來首度主導的全國對台工作會議。會議的口號是將對台工作作為全黨全國的一件大事來抓。

筆者認為此次會議正式確立了北京對台政策的重點是將推動統一的基點放在提高綜合國力上。會議要求「集中精力發展經濟，增強綜合實力，在此基礎上，全面發展兩岸關係，為最終解決臺灣問題創造有利條件。」在現代化是目前北京最優先的政策的今天，經濟因素自然是其對台政策的重要考慮之一。北京強調改革開放是基本國策，要踏踏實實搞幾十年經濟建設。

從北京一貫堅持「和平統一」的對台政策中，可以看出北京是以發展綜合國力作為對台政策的基石的。根據目前的形勢預測，和平統一不可能在短期內實現。北京雖有統一的緊迫感，但並無統一的時間表。同樣，發展綜合國力也是一個長期的任務。因此和平統一的對台政策是與發展綜合國力的基本國策相一致的。這也就說明為什麼北京要堅持和平統一的對台政策。

北京的學者也為大陸這一基本的對台政策背書。例如，中國社科院臺灣研究所的謝郁認為，影響解決臺灣問題的因

素分別是大陸因素、國際因素和島內因素。而三大因素中，大陸因素發揮著主要的作用。他說，要最終解決臺灣問題，實現中國的完全統一，關鍵在於大陸的經濟發展和綜合國力的提高。大陸只要按現有的速度發展下去，政治、經濟基礎將會越來越好，在實現和平統一進程中的主動權也將會越來越大。[1] 基於這種發展的勢頭，北京認為時間是屬於大陸一邊的。

北京堅持以提高綜合國力作為對台政策的基石可以從其對「兩國論」和陳水扁執政的反應中看出來。如果北京真想對台動武，李登輝的「兩國論」和陳水扁的「一邊一國」都可以作為理由。面對具有台獨黨綱的民進黨的執政，北京並未渲染使用武力解決臺灣問題的言論，而是以「聽其言、觀其行」作為應對臺灣新政府的主調。這顯示北京並不想因臺灣問題而打亂其長遠的全局部署。筆者認為，北京將對台政策的基點放在綜合國力的提高上，是寄希望於將來不戰而屈人之兵。

北京對於自己的實力是有清楚認識的。大陸一直強調，中國是一發展中國家，根據三步走的戰略部署，中國要到本世紀中葉才能達到中等發達國家的水平。這也就是為什麼中國大陸長期以來在國際舞臺上一直採取韜光養晦和不出頭的戰略。然而在需要運用自己的實力時，中國政府該出手時就出手。大陸就香港問題對英談判的特點就是：清楚瞭解自己的實力並善於運用自己的實力作為談判籌碼。武力無疑是

---

[1] 謝郁，「對影響祖國和平統一若干外部因素之探討」，《臺灣研究》，一九九九年第四期。

大陸實力的基礎，北京隨時保留著單方面收回香港的權利，所以在談判陷入僵局時，北京便可以採取強硬立場，使英國回到談判桌來。

總之，中國不想在自己實力不足時去做力所不及的事情。北京的當務之急是儘快提高自己的綜合實力。要實現兩岸的統一，大陸還有其他大量的工作要做。大陸建基於提高綜合實力的對台政策至少有利於台海兩岸目前和平的現狀。那麼北京期望以未來強大的綜合國力作為統一臺灣的基礎的規劃是否能夠得以實現呢？這就需要我們對兩岸的實力及發展趨勢做一比較。

第三節　本書的方法與理論

首先，探討兩岸的相對實力必然要用比較的方法。這是毋庸贅述的。

其次，本研究採取結構主義的方法。結構主義的方法主要用來分析導致某一結果的結構因素。也就是說，如果我們能夠確定某些結構因素，我們就可在相當程度上預測出發展結果。對決定綜合實力的各因素的研究便是這樣一種結構主義的研究，因為正是在這些因素上的實力對比決定著兩岸未來的前途與命運。

再次，本書也會用歷史研究的方法。迄今為止歷史研究的方法仍是社會科學研究的一個主要方法。本書會在許多地方運用這一方法，例如我們首先就會介紹兩岸關係發展的歷史，從中就可看出實力對比對兩岸關係發展的決定性影響。進而，只有用歷史的方法才能全面理解決定綜合國力的各因

素之間的關係。例如，對兩岸關係歷史的研究可以反映出經濟、軍事、外交等多因素的作用。

至於對綜合國力的理論研究，國外在幾十年前就進行了探索。一九六五年，德國教授威廉·富克斯發表《國力方程》一書，他選取鋼產量、能源產量和人口數量為變數計算國家力量。上世紀七十年代，美國喬治城大學戰略與國際研究中心主任克萊因提出對國家權力加以綜合估量的公式，把決定國力的眾多要素概括為五種基本的、穩定的和長期起作用的要素，即基礎實體，經濟能力，軍事能力，戰略意圖，和貫徹國家戰略的意志。一九八七年，日本綜合研究所進行綜合國力的基礎調查，提出由國際貢獻能力、國際生存能力和國際強制能力構築的綜合國力概念。[2]

本書借用國際關係理論中之現實主義理論探討兩岸的實力對比。現實主義的代表作是摩根索的《國家間政治》。[3]他認為：第一，人們普遍具有支配他人的權力欲望。第二，利益的觀念是政治的實質，不受時間和空間條件的影響。利益是判斷、指導政治行為的唯一標準。在當今世界上，存在著各種互相對立的利益。第三，實力和強權是國家利益的基本保證。第四，國家權力或實力是由一國所具有的地理、自然資源、經濟、政治、軍事準備、人口及士氣等要素所組成的。國家戰略的實質，就是如何運用實力來實現既定的目標。現實主義強調實力在維護國家利益時的重要性。

---

[2]　施祖輝，「國外綜合國力研究」，《外國經濟與管理》，二〇〇〇年，22（1）：13-19。

[3]　摩根索，《國家間政治》（*Politics among Nations*），徐昕、郝望、李保平譯，中國人民公安大學出版社，一九九〇年。

　　現實主義理論用於分析兩岸的綜合實力是較適當的。雖然兩岸不是兩國，但兩岸具有不同利益。兩岸的政策自然都以各自利益為重。臺灣現在的政策一切都以符合臺灣本土利益為標準，而實現兩岸統一是中國大陸最大的利益。大陸的這種利益必然是與台獨的利益相矛盾的，而這種利益矛盾的最終解決將依賴於實力對比。

　　對於組成綜合實力的要素，不同的學者會有不同的挑選。大陸學者近年來對此有不少研究。王誦芬、陳沙、石小玉等建立了由資源、經濟活動能力、對外經濟活動能力、科技能力、社會發展程度、軍事能力、政府調控能力、外交能力等八類八十五個指標構成的綜合國力評價指標體系。[4] 黃碩風建立了由經濟力、科技力、國防力、資源力、政治力、外交力、文教力等七類二十九個指標構成的綜合國力評價指標體系，同時建立了「綜合國力動態方程」和「綜合國力盛衰方程」。[5] 沈驥如將綜合實力的要素歸納為：「1、自然條件，包括國土面積、地理位置、氣候與地形、自然資源等；2、人口，包括人口數量、人口質量、年齡結構、勞動力總量等；3、經濟，包括經濟規模（經濟總量）、發展速度、經濟結構、技術水平、食品供應和財政狀況等；4、教育科學，包括國民教育水平、科技人員總數及其在人口中的比重、研究發展投入在國民生產總值中的比重、教育經費在國民生產總值中的比重以及科學技術在世界上的地位等；5、軍事，

---

[4] 　王誦芬、陳沙、石小玉等，《世界主要國家綜合國力比較研究》，湖南出版社，一九九六年。

[5] 　黃碩風，《綜合國力新論——兼論新中國綜合國力》，中國社會科學出版社，一九九九年。

包括軍隊規模及軍人素質，軍費總額及其在國民生產總值中的比重，軍備的技術水平、數量及結構（常規武器、高科技非核武器、核武器，陸、海、空軍的比例，遠距離作戰能力）等；6、政治和政府，包括社會制度、政府的決策能力和領導能力、國家政策和國家戰略的正確性和穩定性、政府的穩定性和在非常時期的全民動員能力等；7、意識形態，包括國家的主流信仰和意識形態的感召力、社會凝聚力（包括民族關係的和諧）、國民特性等；8、外交，包括外交政策、外交技巧、建交國家、同盟和夥伴合作關係等。」[6] 中國現代國際關係研究所王在邦、張興國等在對美、日、中、俄、德、法、英七國的評估中，涉及經濟、軍事、科教、資源、政治、社會、國際影響等七個領域。[7] 此外，也有人把綜合實力分為：1、物質或硬力量（國家資源、經濟、科技和國防）；2、精神或軟力量（政治、外交、文化和教育）；3、協調力量（領導機構、指揮、管理和國家發展的協調）；4、環境力量（國際、自然和國內）。

綜合實力不是各個因素的簡單相加，而是各個因素間的有機結合。例如，地理的因素對經濟、軍事和外交實力都有影響。一個社會的資訊化可對經濟發展和軍事現代化做出貢獻，甚至可以把自身的防衛縱深大大向外擴展。與以往以人力的直接投入為主不同，現代的綜合國力以科技、經濟投入為主作用於戰爭，它是精幹實力與強大潛力的有機結合，依

---

[6] 沈驥如，「中俄攜手共築安全」，《環球時報》，一九九九年七月二十三日，十版。

[7] 參見陳鐵源，「我國的綜合國力到底有多強」，《中國青年報》二〇〇〇年九月十日。

托強大潛力的支援和威懾來贏得戰爭。面臨戰爭時，綜合國力應能全面、迅速、高效、持續地實現戰爭潛力向戰爭實力的轉換。[8]

透過以上的討論，有助我們瞭解什麼是實力。實力是一方動用自己的綜合資源使對方接受己方條件的能力；實力建立在資源的基礎上，戰略目標不能超出國力的可能；實力也是相對的，它是一方相對於另一方的實力，在一種相互依賴的關係中，任何一方要想取得期望的結果都需依賴另一方的同意。雙方關係的破裂將對雙方都造成損失。但這不意味雙方的損失是相等的。較少依賴性的一方往往擁有較多的資源，雙方關係的破裂就會對它造成較小的損失。兩岸關係就具有這種不對稱性。我們對大陸實力的研究是相對於臺灣的實力的。

至於綜合實力的要素，雖然不同學者會有不同挑選，但幾項主要的因素則是不可或缺的，它們包括地理、能源、人口、經濟、外交、軍事等。本書就是就這幾項主要的因素展開對兩岸實力的對比的。

本書的第一章首先從歷史的角度探討了綜合實力的各因素在兩岸關係發展和實力對比過程中的作用。它將戰後兩岸關係的歷史分為熱戰、冷戰、交流和僵持四個階段。通過這一歷史的考察我們將發現綜合實力在兩岸關係發展過程中的決定作用。

第二章考察了兩岸的地理、能源和人口條件對雙方實力

8　畢文波，馬德寶，「軍事哲學實現國家安全與經濟發展的良性互動」，《人民日報》，二〇〇〇年二月二十四日，第十一版。

之影響。在地理方面我們主要探討了兩岸所轄面積和臺灣海峽的存在對兩岸實力的影響。在能源方面我們主要探討了兩岸石油資源的儲存量和戰略石油儲備的情況。在人口方面我們主要是從兩岸人口的數量與結構入手進行了探討。我們將發現，在地理、能源與人口方面，大陸相對於臺灣具有明顯優勢，但這種優勢是否能發揮出來則受其他一些因素的影響。

第三章比較兩岸經濟實力。我們將首先探討大陸為什麼以增強綜合國力作為國家發展的大戰略及其發展步驟。然後分別比較兩岸的經濟增長率、工業生產能力、農業生產能力和新經濟的發展趨勢。我們也將探討大陸經濟的跨越式發展模式及這一模式對未來兩岸經濟實力對比的意義。最後總結兩岸經濟實力消長對兩岸關係未來發展和統一前景的影響。我們將發現在經濟方面，兩岸各有優勢。

第四章比較兩岸外交實力。本章將首先分析總體國際局勢對兩岸外交實力的影響。然後討論兩岸與美國、日本、俄國、歐盟、東南亞、中南美洲、非洲等國家和地區的外交關係情況。之後討論大陸與臺灣在聯合國的爭奪。最後對兩岸的外交實力做一總體評論與預測。我們將看到，如從大陸邦交國的數目和在聯合國的地位來講，大陸的外交實力遠遠大於臺灣。但美國和日本等國家會從自身國家利益的角度出發阻撓大陸統一臺灣的努力。

第五章比較兩岸軍事實力。我們將從軍事預算、空軍、海軍、陸軍、飛彈、資訊化作戰、核武器等方面考察兩岸的軍事實力。我們將發現，在軍事方面，兩岸也是各有優勢。

第六章探討大陸對台動武的可能時機、模式與時限。考慮到兩岸的特殊情況，筆者增加了對武力攻台的時機、模

式、時限與規模的探討。我們將發現,不同的攻台時機、模式、時限與規模將對大陸綜合實力的水平有不同要求,反過來講,大陸綜合實力的水平也在很大程度上決定著對台動武的時機、模式、時限與規模。

最後,我們將在結語中總結本書對兩岸實力對比的分析並對兩岸綜合實力的對比做出基本判斷。筆者認為,大陸的綜合實力稍強於臺灣,但是優勢並不很大。考慮到大陸在諸多方面的發展速度會快於臺灣,短期內避免戰爭對大陸是有利的,因為大陸爭取到的和平時間越長,其積累的綜合實力就會越大,屆時解決臺灣問題的條件就越充分。

第一章　兩岸關係發展及實力較量之歷史

　　讀史而知今，我們希望從歷史中看出決定兩岸關係發展的因素。我們將會發現，地理、經濟、政治、軍事、外交等因素交織在一起影響著兩岸的命運。本章分階段論述兩岸關係發展及實力對比。我們把兩岸關係的歷史分為四個階段，即：一九四九年至一九五九年的熱戰階段、一九五九年至一九七八年的冷戰階段、一九七八年至二〇〇〇年的交流接觸階段，和二〇〇〇年以來的僵持階段。

第一節　熱戰階段（一九四九年至一九五九年）

　　大陸曾有三次試圖武力解放臺灣。第一次是在一九四九年國民黨剛剛退守臺灣之時。第二次是一九五四年的外島危機。第三次是一九五八年的金門炮戰。

　　在大陸解放後，大陸的首要目標就是要攻佔臺灣。此時美國對大陸採取觀望態度，而對於臺灣，美國不準備協防，而認為臺灣落入大陸之手只是時間問題。但大陸一時缺乏海空軍力量。又在進攻金門時遭到古寧頭戰役的挫敗。金門之戰是一次兩棲登陸與反登陸作戰，此戰暴露出大陸不諳海戰的弱點。[9]一九五〇年朝鮮戰爭的爆發，使大陸不得不放棄

---

[9]　劉亞洲，「金門戰役檢討」，燕南網，http://www.yannan.cn/data/detail.php?id=2882。

攻台的目標。北韓對南韓的進攻或是由於金日成急於統一，或是由於蘇聯的支援，但卻不是大陸所願意參與的。可是美國卻認為，大陸在蘇聯的指使下支援北韓的進攻。蔣中正也促使美國相信大陸是蘇聯在亞洲的代理人，因為這樣他可獲得美國的支援。所以，美國對大陸抱有很深的敵意，美軍因而將戰火燒到鴨綠江畔。在這種情況下大陸不得不將其注意力從臺灣轉到朝鮮半島。另一方面，大陸也許認為，如果能在朝鮮半島打敗美軍，臺灣就可不戰而降。但事實上，朝鮮戰爭使中美走向對抗，為大陸日後解決臺灣問題造成困難。

由於大陸參加朝鮮戰爭，美國改變了拋棄國民黨政權的立場，轉而支援臺灣。戰爭爆發的兩天之後，美國總統杜魯門發表聲明：共產黨部隊可能佔領臺灣，將直接威脅太平洋地區，以及在該地區的美國部隊的安全。因此他下令第七艦隊進駐臺灣海峽，並稱「必須待太平洋地區恢復安全，對日簽訂和約或經由聯合國的考慮，以確定臺灣未來的地位」。杜魯門的這一宣告，即是所謂的「臺灣地位未定論」之濫觴。一九五三年十一月美國國安會（NSC）決定，美國必須保障臺灣不受共產主義的威脅；臺灣是美國遠東防禦體系的基本一環。

從朝鮮戰爭中脫出手來後，大陸便著手解決臺灣問題。毛澤東認為不進行此工作就是犯嚴重的政治錯誤。一九五四年夏，臺灣與美國的締約談判活躍起來。毛擔心《台美共同防禦條約》會把兩岸的分裂局面以法律形式固定下來，造成象南北朝鮮和南北越南那樣的格局。為了防止出現此一情況和為了引起國際注意，毛決定挑起台海戰雲。大陸首先對一些沿大陸的外島發難。大陳島等島嶼距大陸的浙江省只有三

十英里，馬祖不到二十英里，金門更近。這些小島不易防守，而且當時對於防守臺灣不重要。但對於臺灣和美國來說，丟失這些小島面子上很不好看，但要保護它們，美國就要出動大批武裝力量。由於這些島嶼離大陸太近，大型軍艦無法靠近。蔣將三分之一的兵力置於這些島上。為了嚇阻大陸，一九五四年五月美國第七艦隊派遣部分成員上島，結果大陸未有任何反應，美軍撤離。

一九五四年九月三日大陸炮擊金門，炮擊持續數日。杜勒斯認為，如果喪失了金門，其他外島也將不保。九月十三日，國安會討論此問題，艾森豪威爾總統認為，如果美國保衛金門，美國就等於參與戰爭。戰爭將不僅限於金門，而且要想取得決定性勝利，美國就得使用核武器。而動用核武器不僅會引來蘇聯參加核戰爭，西方盟國也會反對，因此美國未能做出立即反應。杜勒斯試圖在聯合國提出停火，以讓臺灣保有這些小島，但英國認為，此主張必然遭到蘇聯的否決，大陸也不會接受，而一旦提案失敗，美國就會要求佔領這些島嶼，所以英國不支援杜勒斯提出此案。艾森豪威爾總統認為，寧可丟點面子，也不能為這幾個小島而進行全面大戰。

與此同時，在炮擊金門半個多月後，大陸開始抑制炮擊規模，轉而將兵力集中於大陳島和一江山島，對大陳島進行空襲。炮擊金門有為一江山戰役作佯攻的目的。剛訪問過北京的印度首相尼赫魯認為，大陸攻擊大陳島是因為國民黨軍隊經常以該島為據點襲擊大陸。他認為大陸不打算攻取臺灣，因為大陸想避免與美國開戰。但美國害怕對大陳的攻擊是對台攻擊的前奏。於是一九五四年十二月，中華民國與美國簽訂共同防禦條約。該條約只保護臺灣本島和澎湖列島，

而未言及其他島嶼，美國還要求蔣在未得美國同意之前不得進攻大陸。

一九五五年一月大陸猛攻大陳，奪取了一江山諸島嶼。美國認為國民黨軍隊必須從大陳島撤兵，蔣不得不同意。美國派出航空母艦和飛機協助，大陸見有美軍參加便停止了一切軍事行動。毛為整個戰役規定的方針是，對美國不主動惹事，儘量避免和美軍發生直接衝突。

杜勒斯一直堅信大陸正在準備攻台，但實際上大陸卻沒有作有關部署，大陸甚至沒有足夠的機場。四月杜勒斯提出，如果國民黨政府撤出外島，美國就為保衛臺灣而封鎖臺灣海峽。蔣認為這種方案是搞兩個中國，金馬是他維持與大陸聯繫的紐帶，如果接受這種方案就意味著他不再是中國的領袖，而僅僅是美國的傀儡。

大陸也不願與美國正面衝突。在亞非會議上，周恩來倡導和平共處五項原則，表示願和美國談判，以緩和台海局勢。在西歐盟國的壓力下，美國同意與大陸在日內瓦進行大使級會談。周在一九五五年七月在全國人民代表大會上宣佈，大陸準備以和平手段解放臺灣，北京願意與臺灣舉行談判，但他強調這種談判是中央政府與地方政府的談判。在這種氣氛下，日內瓦會談結果緩和了臺灣海峽局勢。其實大陸不是不想解放臺灣，但臺灣及其外島問題在當時對大陸來說只是次要問題，解決此問題不是其近期目標，因為當時大陸正努力進行工業化建設。

一九五八年，國際國內形勢發生變化。在內部大陸發動大躍進運動，國際上中蘇之間出現矛盾。由於三年來大陸未能與美國在外交上有所突破，毛開始傾向於走武力解決的道

路。大陸一直沒有停止將其陸海空力量移往臺灣對岸。一九五八年二月它完成了通往廈門的鐵路，可以為部署在那裏的四門大炮運輸彈藥。

一九五八年八月二十三日大陸開始炮擊金門。大陸展開金門炮戰也許是為了顯示美帝國主義是紙老虎，或是為了反對蘇聯對美國的妥協政策，也可能僅僅是毛澤東大躍進運動下冒進的產物。美國國務卿杜勒斯在金門炮戰正熱時飛到臺灣與蔣談判，企圖說服蔣放棄反攻大陸的主張，撤守金馬，把臺灣委託聯合國保護，蔣拒絕。另一方面，美國在九月中集結了戰後以來在海外最大的核打擊力量。毛考慮，臺灣如接受美的建議從金馬撤軍，臺灣實際控制的地域同大陸的距離將由二公里擴大到一百八十公里，就會有利於美國實現「兩個中國」的政策。十月五日，他以軍委名義發出停火的指示。十月下旬，毛澤東發表《再告臺灣同胞書》，宣佈逢單日打炮，雙日休息。毛認為蔣堅持了「一個中國」的立場，表示在這點上要同蔣配合。毛表示隔日打炮就是同他合作，就是為了表示中國的內戰尚未停止，國家尚未統一。如何從國家分裂走向統一是中國人民內部的事，不關美國人的事，他說：「我們請蔣委員長用中華民國之名守衛金門，就是請他替中國守衛臺灣。」其後對金門炮轟二十餘年，直至一九七八年鄧小平提出和平統一為止。

金門炮戰與其說是要進攻臺灣，不如說是為了試探美國和臺灣，及防止美國製造臺灣獨立。因為當時大陸未調集攻台所需的登陸船隻，而只是對金門炮轟而已，大陸也知道如果進攻臺灣本島，美國就會出動海空軍力量與大陸作戰，所以周恩來又提出要與美國舉行大使級會談。

在這兩岸關係的第一階段，我們可以明顯地看出來，大陸未能統一臺灣的主要原因在於臺灣海峽的阻隔和大陸缺乏海空實力和兩棲登陸實力，以及美國對臺灣的軍事保護。中共建政之初採取向蘇聯一面倒的政策，使大陸失去了與美國建立外交關係的可能，朝鮮戰爭的爆發則使中美成為了敵人。諸此因素使大陸在第一階段喪失了解決臺灣問題的機會。

第二節　冷戰階段（一九五九年至一九七八年）

大陸五十年代的兩次武力攻台都未能成功。大陸當時可能是想通過武力的打擊促使國民黨在臺灣的垮臺，但事實證明使用武力只會加強臺灣和美國的結盟，攻擊外島也只會造成臺灣更加與大陸分離。毛澤東也從金門危機中認識到，美國不可能侵犯大陸，而只是想維持現狀。毛也測試出國民黨軍隊仍有戰力，如果強行渡海攻台，大陸會付出極大代價。一九六〇年毛總結三野負責攻台計劃的粟裕報告時說，統一臺灣涉及非常複雜的國際問題，大陸必須從長計議。所以，自一九六〇年代初大陸就改變了推行一個中國的策略。它已不再強調對台動武，而是轉而要求其他與中國建交的國家與臺灣斷絕外交關係，承認臺灣是中國的一部分。

自一九六〇年始，大陸被國內事務所困擾，無暇它顧。一九五八年的大躍進帶來災難性後果，一九六〇年的糧食產量只有十四點四千萬噸，比一九五七年減少了百分之二十六，食用油和肉產量比一九五七年減少達一半。一九六〇至六一年的饑荒造成至少兩千萬人死亡。

在國際上，中蘇關係也出現裂痕。蘇聯一直在尋求與美

國改善關係，甘乃迪一九六一年上臺後也有意與蘇聯和解。大陸認為蘇聯的這種姿態顯示它企圖在國內搞資本主義，然後與美國結盟反對大陸。一九六一至六二年間蘇聯煽動新疆少數民族逃亡蘇聯，大陸指責蘇聯試圖把新疆從中國分裂出去，關閉了蘇聯駐新疆領事館。一九六二年八月，蘇聯通知中國它接受了美國防止核擴散的提議，儘管蘇聯早在一九五九年就中止了支援大陸進行核子試驗的專案，大陸還是認為蘇聯此舉是為了限制中國生產核武器和向美國示好。同時，蘇聯向印度提供 MIG 戰鬥機，准許印度生產該機。印度在蘇聯的支援下，一直不接受大陸提出的就兩國邊界問題進行談判的建議。大陸指責印度允許國民黨和美國在印度策劃西藏的暴動。一九六二年十月二十日，印軍甚至越過麥克馬洪線，而大陸從來不承認英國劃下的這條邊界線。大陸於是對印度發起大規模進攻，大獲全勝。　一九六四年十月大陸成功試爆了第一顆原子彈，使大陸成為世界少數擁有核武器的國家之一，但周恩來宣佈，大陸在任何情況下都不首先使用核武器。大陸雖然有了核武器，但當時缺乏可運載核彈頭的飛彈。

　　一九六六年，毛澤東決定發動文化大革命。中蘇關係的破裂和長達十年的文化大革命使大陸無暇顧及臺灣問題。一九六九年中蘇珍寶島事件發生，大陸不得不把大批軍隊調往中蘇邊境。文革十年浩劫使大陸國力大為下降，相反，臺灣的經濟水平逐漸提高。臺灣還得到大量美國軍援，從一九五一至一九六五年，美國除向台派遣軍援顧問團外，還提供了價值四十三點二億美元的軍援。六十年代，美國以 F-100、F-104、F-5 飛機更換了臺灣 F-86 飛機，還折價賣給臺灣美軍替代下來的驅逐

艦和其他船艦，這些船艦比大陸的所有船艦精密。諸此種種，都使臺灣的綜合經濟和軍事實力大幅度上升。

一九七一年七月尼克森通過電視宣佈美國將與中國建交，而他所指的中國是中華人民共和國。他在講話中隻字未提臺灣。美國的行動似乎給予大陸一個良好的解決臺灣問題的機會。但尼克森也強調，與大陸的新關係不以喪失老朋友為代價。他給蔣寫信，表明美國將繼續執行一九五五年的共同防禦條約和維持臺灣的國際地位。一九七九年一月一日，大陸與美正式建交。但是，美國國會於四月通過《與臺灣關係法》，聲明任何企圖以和平以外的辦法，如抵制或禁運等來決定臺灣前途的做法，美國將視為對西太平洋和平和安全的威脅，是美國嚴重關切的事；並表示將繼續提供防禦武器給臺灣。該法案具有一定程度的共同防禦條約的性質。

從以上兩岸關係發展的第二階段可以看出，由於大陸內部本身的問題，大陸的經濟發展落後於臺灣，致使大陸的綜合實力落後於臺灣，這使得大陸喪失了以武力解決臺灣問題的能力。但大陸在此期間發明瞭原子彈，而國際局勢的變化又促成了中美兩國的建交，使美國不得不承認一個中國的原則。但這一階段大陸在綜合實力上的落後，使得大陸不得不在下一階段採取以提高綜合實力為基點的和平統一的對台政策。

第三節　交流階段（一九七八年至二○○○年）

　　自一九七八年以來，北京積極發動和平攻勢。繼一九七九年元旦發表「告臺灣同胞書」，首次放棄解放臺灣的口號，配合其和平統一政策，大陸停止炮擊金門。大陸又在一九八一年提出實現和平統一的九條方針。一九八二年，停止打宣傳彈。一九八四年鄧小平提出「一國兩制」的設想。一九八七年，撤消福建軍區，裁減福建駐軍，將在金門射程內的廈門變為對外開放的經濟特區。一九九三年大陸促成「辜汪會談」在新加坡舉行。一九九五年江澤民提出兩岸關係的八點主張。到中共十五大，江澤民的對台政策最終確立。這一階段的特點是，兩岸關係處於不斷緩和的過程中，或者說是由敵對到非敵對的過渡過程中。在此過程中雖然會有類似千島湖事件、海上旅館事件、及大陸飛彈試射這樣的曲折，但總的來說兩岸關係是越來越緊密了。大陸的飛彈演習目的主要是對李登輝的警告，「閏八月的預言」終究沒有成功。

　　一九九七年大陸完成三件大事，一是香港回歸，二是江澤民訪美，三是中共十五大。這三件事都對大陸的對台政策有影響。香港回歸增強了大陸統一的信心和資本；大陸由於成功地收回香港的主權而使自己的實力大增。江澤民訪美建立了戰略夥伴關係，使美國支持大陸的兩岸早日和談的主張。中共「十五大」最終確立了江八點的對台政策。這三件事對大陸對台政策的總影響可以說是有利於大陸堅持和平統一方針。

　　一九九八年五月大陸在北京舉行「全國對台工作會

議」，參加人數之多，規格之高，是前所未有的。參加本次對台工作會議者約五百人，主要來自中南海高層，各省市、自治區黨委書記、副書記、統戰部長，國務院對台辦公室以及各部委、各省市對台辦公室主任，以及軍隊代表與情治單位代表等方面。會議的口號是將對台工作作為全黨全國的一件大事來抓。會議除了提到大陸對台政策的背景「發生重大變化」外，還說到「目前正處於世紀之交的關鍵時期，中華民族面臨著歷史的機遇和挑戰」。江澤民和錢其琛在會上發表了重要講話。江澤民在講話中要求對台工作者，多觀察、勤思考，全方位、多層次地開展對台工作，此外還要態度靈活，手法多樣，要特別警惕台獨傾向。

大陸對台政策在這次會議基本上是落實大陸「十五大」定下的原則，但也出現微妙變化，在規模、具體操作以及某些提法上，有值得注意之處，顯示出大陸對台工作的具體作法比過去更有彈性。這一時期大陸對台決策的背景環境發生了有利於北京的變化，使大陸增強了通過政治談判實現和平統一的決心。

大陸近年來經濟發展迅速，兩岸經濟實力日益接近。大陸正以其龐大的勞動人口、龐大的市場等因素吸引世界的投資。隨著大陸收回香港，大陸的經貿實力更加強大。大陸的地理、人口、自然資源等都是臺灣所無法比擬的。世界銀行《一九九七年全球經濟展望與發展中國家》的報告認為，在未來二十五年內，中國、印度、巴西、印度尼西亞和俄羅斯五大發展中國家與轉軌國家的經濟將以前所未有的增長重繪世界經濟藍圖。其中，中國大陸以平均百分之七的年增長率居五大之首。世界銀行預測，大陸的經濟力將於二〇二〇

年晉升為世界第一。基於這種發展的勢頭，大陸認為時間是屬於大陸一邊的。

在這一階段大陸對台政策轉趨務實，北京最高人民法院公佈「最高人民法院關於人民法院認可臺灣地區有關法院民事判決的規定」，就是一例。兩岸海基、海協兩會副秘書長層級恢復會晤。進而，大陸海峽兩岸關係協會常務副會長唐樹備在大陸中央對台工作會議上表示，關於海峽交流基金會董事長辜振甫到大陸訪問一事，無論辜振甫什麼時候來，大陸方面都表歡迎。唐樹備說，辜先生來訪性質是參訪，或是參加研討會，甚至是政治議題交換意見都可以。

五月二十日汪道涵在上海會見國民黨前副主席、「中華台海兩岸和平發展策進會」（海和會）會長林洋港時指出，「一個中國」應是兩岸同胞共同締造統一的中國；汪道涵認為，「祖國」不等於中國大陸，祖國應是兩岸中國人共同的祖國。大陸方面認為，當前首先要進行政治談判的程序性商談，以解決正式談判的議題、名義、地點等問題，大陸主張與臺灣各黨派、團體有代表性的人士進行商談。汪道涵的前述說法，與其去年十一月十六日在上海會見新同盟會會長許歷農時所發表的「一個中國」新解，頗有類似之處。當時，汪道涵對「一個中國」的內涵，曾表示「一個中國不等於中華人民共和國，也不等於中華民國，而是兩岸同胞共同締造統一的中國。」林洋港這次在會晤汪道涵時曾建議，中華人民共和國應考慮放棄現有國號，兩岸未來統一的國號，應可使用「中華共和國」或「中國」的稱呼，大陸表示可以研究。

然而，面對大陸的政策調整，李登輝卻不斷衝撞一個中國的底線，致使兩岸關係惡化。一九九九年六月，大陸屢次

推遲海基會赴大陸的參訪行程。大陸在港《文匯報》四月二十三日引述大陸中央對台工作部門有關人士表示，臺灣方面至今對大陸海協會提出的落實兩會對話安排事宜不予回應，對於雙方共同舉辦論壇或研討會也不予理睬；因此，「海峽交流基金會目前派員來訪（大陸），顯然非適當時機。」可以看出，兩岸關係在陳水扁當選之前已走向僵局。

這一階段的最大特點是大陸把對台政策的基點放在提高綜合實力上。為了保證經濟建設的平穩進展，大陸實行了和平統一的對台政策。通過這一階段的發展，大陸的綜合實力有了明顯的提高，與臺灣的差距縮小了。

第四節　僵持階段（二○○○年以來）

陳水扁於二○○○年的當選造成兩岸關係的重整。陳水扁執政後，臺灣的兩岸政策轉變為以「美國可以接受，大陸找不到藉口」為目標。陳水扁在就職演說中承諾，「只要大陸無意對台動武，保證在任期之內，不會宣佈獨立，不會更改國號，不會推動兩國論入憲，不會推動改變現狀的統獨公投，也沒有廢除國統綱領與國統會的問題」，並表示將在「既有的基礎之上，以善意營造合作的條件，共同來處理未來『一個中國』的問題」。陳沒有回應北京的「一個中國」原則，而是在八月赴中南美洲活動時喊出「統一不是唯一選項」。

針對陳的新政府，大陸採取「聽其言、觀其行」的對策。二○○○年六月二十二日美國國務卿歐布萊特在會晤大陸領導人後表示，大陸比過去更在意臺灣問題，大陸領導人向她表示，不瞭解陳水扁到底想作什麼，也弄不清陳水扁的意

向，據「新華社」報導，江澤民在談到臺灣問題時指出，臺灣不管誰當權，只要他接受一個中國原則，我們都歡迎他來大陸談，我們也可以到臺灣去，什麼問題都可以談。

陳水扁當選的初期，深感力量不夠，因此「進兩步退一步」。二○○一年元旦，他提出「統合論」。二○○二年一月十三日，陳水扁宣佈將在「中華民國護照」上加注「臺灣」。

二○○二年三月五日朱總理在九屆全國人大五次會議上，首度把一個中國原則「新三段論」寫入工作報告。臺灣則以一系列「漸進式台獨」步驟為對應，包括著力清除象徵中國的各種標記，代之以「臺灣」名號。八月三日，陳水扁提出「一邊一國論」。二○○四年三月二十日他又推動了「防衛性公投」。

陳水扁同時進行武力的準備。二○○○年六月，他提出「決戰境外」的備戰方向；之後臺灣國防部又首次提出要以「癱瘓戰」代替「消耗戰」，強調在未來幾年間，臺灣軍隊要具備使大陸軍事力量癱瘓的能力；二○○二年七月，臺灣新版《國防報告白皮書》把「拒敵於境外」的攻勢作戰正式確定為臺灣軍隊的軍事戰略。至二○○三年十月，臺灣國防部長湯曜明聲稱，臺灣軍隊不排除先對大陸的軍事目標進行攻擊。為了配合其以武拒統的戰略，臺灣在這一時期大量向美國訂購武器。二○○一年四月，臺灣向美訂購四艘「基德」級驅逐艦、八艘柴油動力潛艇、十二架 P—3C 反潛偵察機等武器。二○○四年，臺灣又與美國達成鉅額軍火交易。[10]

---

[10] 劉宏，「陳水扁四年間將兩岸關係推到極為危險的境地」，《環球時報》，二○○四年三月十一日。

面對臺灣內部的政治變化的威脅，大陸軍方和輿論出現愈來愈多的備戰要求。北京軍區司令員朱啟在《求是》雜誌二○○二年第六期撰文表示，台海局勢日趨複雜，所以要把對台軍事鬥爭準備抓得緊而又緊，真正以臨戰的姿態做準備，以「打贏」的標準搞建設，「一旦黨和人民需要的時候，能夠斷然出手，決戰決勝」。《解放軍報》三月二十九日報導：中央軍委委員、總裝備部部長曹剛川強調，要努力提高科研試驗能力，充分認識高科技事業在增強綜合實力、科技實力和國防實力中的重大作用，不斷提高自主創新能力，集中力量攻克重大關鍵技術。大陸並抓緊在東山島進行針對臺灣的演習。

另一方面，大陸也利用外交實力來遏制台獨的發展。在陳水扁執意公投的情況下，大陸說服美國和日本等國對公投表達了反對的意見，並迫使陳水扁修改了公投的兩個題目。

從二○○○年以來的兩岸關係發展可以看出，臺灣政府加緊了台獨的步伐。筆者認為，其原因在於，綠營的一些人已發覺大陸的綜合實力正在趕上和超過臺灣，他們希望臺灣能趕在大陸對臺灣形成絕對優勢之前完成台獨的進程。而大陸則採取靈活的手法，主要運用經貿和外交措施來把台獨限制在一定範圍內，以期為大陸綜合實力的提高爭取更多的和平時間。

小結：從歷史的角度看實力的重要性

從以上所做的歷史考察中可以看出，具體某一歷史階段的兩岸關係狀況是由當時的兩岸軍事、經濟、外交等方面的

綜合實力對比所決定的。大陸在主政以來未能解決臺灣問題有以下原因：1、大陸軍事實力有限，特別是由於臺灣海峽的阻隔，大陸海空軍力量更顯薄弱；相對而言，臺灣具有較強的軍事實力。臺灣的美式裝備在性能上優於大陸的蘇式裝備。2、大陸經濟基礎薄弱，不足以支撐大規模對台戰爭。大陸過去的錯誤的發展策略和內部不斷的運動破壞了大陸經濟的正常發展。3、美國對臺灣的支援。4、大陸對經濟發展的優先考慮，包括大陸早期的工業化努力，後來的四個現代化努力，和近年來三步走的戰略舉措。

　　上述這些因素至今仍影響著兩岸的實力對比。隨著陳水扁將制憲排上日程，兩岸問題的觀察者普遍預期，兩岸在統獨問題上的攤牌已為期不遠。當達到這一地步時，筆者認為，最終的結果將取決於兩岸綜合實力的對比。

第二章 兩岸自然條件對雙方實力之影響

目前人們在比較台海兩岸實力時基本上都只是做軍事實力的比較,而缺乏對基本層面的比較。筆者認為,天時、地利、人和等各個方面的因素都會影響兩岸的實力對比。下面我們將探討地理、能源與人口三個方面對兩岸實力的影響。這些因素雖然不是決定性因素,但卻會有很大影響。就自然與人口因素而言,大陸相對於臺灣既有天然的優勢,也有一些不利的條件,充分認識這些因素之於兩岸實力對比的影響,具有現實意義。

第一節 地理

一、中國大陸地理

地利是對優勢地理的憑藉。大陸常說中國地大物博,雖然有學者指出中國的資源並不豐富,但地大則是無可辯駁的。大陸土地面積多達九百六十萬平方公里,而且這只是建國時的一個粗略估計,有學者認為中國的國土面積應大於九百六十萬平方公里。大陸既有廣闊的平原,也有山區、沙漠和綠洲,既有漫長的海岸線,也有縱深的內陸。

二、臺灣地理

臺灣包括臺灣本島及蘭嶼、綠島、釣魚島等二十一個附

屬島嶼，澎湖列島六十四個島嶼，和福建省的金門、馬祖等島嶼，總面積為三萬六千零六平方公里。臺灣島是一個多山的海島，高山和丘陵面積占全部面積的三分之二以上，平原不到三分之一。澎湖列島位於臺灣本島與福建省之間，是扼守臺灣的主要屏障，是臺灣主要海軍基地之一。金門馬祖諸島位於福建廈門以東，橫置於廈門海外，扼廈門咽喉，屏障閩粵，與台澎休戚相關，互為犄角。

臺灣海峽是中國大陸福建海岸與臺灣島之間的海峽，屬東海海區，南通南海。海峽呈東北向西南走向，北通東海，南接南海，長約三百七十公里。北窄南寬，北口寬約二百公里；南口寬約四百一〇公里；最窄處在臺灣島白沙岬與福建海壇島之間，約一百三十公里。海峽大部水深小於八十米，平均水深約六十米，是一個比較淺的海峽。從潮汐對航行的影響來看，主要在大陸一側。

三、比較兩岸地理

1、面積的懸殊

比較兩岸地理，最直觀的差異就是面積的絕對懸殊。臺灣連同澎湖、蘭嶼等島嶼在內只有三點六萬平方公里，面積不及福建省的三分之一，約為大陸的二百六十分之一。中國的廣袤大地為中國崛起為一個世界強國提供了地理條件。無論古今，每一個世界強權都擁有較大規模的領土面積。這也就是為什麼科威特雖然富有卻無法成為地區的強權。在這方面中國具有天然的優勢。

國土面積不僅對綜合實力有影響，也對軍事力量有直接的影響。例如，要發展核力量，就要有試爆場地和處理廢料

的地方，大陸的西北沙漠地區就為大陸發展核力量提供了方便。而臺灣就欠缺這方面的條件。雖然兩岸一旦開戰，戰區將限於臺灣福建一帶，但大陸的大後方仍能為攻台做出貢獻。例如，不僅部署在福建的短程飛彈可以直接攻擊臺灣目標，大陸設在北方的中程飛彈也可打到臺灣。而臺灣的軍事目標集中於台澎金馬，較易於被鎖定摧毀。

臺灣也意識到這個問題，所以，二○○○年六月十六日，陳水扁提出「決戰境外」。二○○三年八月二十四日，臺灣東森新聞網報導，臺灣準備了一套攻擊大陸目標的「毒蠍作戰」計劃。十月十六日，臺灣國防部通過島內媒體，承認臺灣軍隊制定攻擊大陸的「毒蠍計劃」。這一計劃鎖定廣州、深圳、香港、北京、上海、天津、南京、大連、廈門、青島十大城市作為打擊目標。包括為了「逆登陸、反突擊」而編制的兩個海軍陸戰師、金門的炮兵部隊，由各類戰機發射的中遠端飛彈等，威脅繁華的廣州、香港、上海、深圳及廈門五個沿海城市。另外，對北京、天津、南京、大連和青島可提前潛伏大量特務進行縱火和爆炸。

僅只是從臺灣的計劃中我們也可看出，臺灣不可能全面攻擊大陸。即使是臺灣重點攻擊了大陸的五個城市和間接破壞了另五個城市，大陸的大部分地區仍不會受到戰火的影響。而反過來，如果大陸選十個臺灣的城市作為攻擊目標，則整個臺灣就被打爛。由於臺灣特殊的地理條件，臺灣的工業佈局很不均勻，大部分工業都集中在靠近大陸的西部沿海弧形地帶內。即使在西部沿海工業帶內，工業生產也都集中在以臺北、臺中和高雄為中心的三大工業區。在缺乏戰略縱深的條件下，臺灣經濟重心均處在遠端兵器的作戰半徑之

內，其戰時的生存能力將大大降低。一旦戰爭爆發，這裏便成了前沿地區，極易受到重創。實際上臺灣的大城市無非臺北、臺中、臺南、高雄。只是攻擊一下這四個城市就會造成臺灣經濟的癱瘓。正如島內學者指出的：台海戰事對大陸只是有限戰爭，對臺灣卻是總體戰。

2、臺灣地理本身的限制

　　臺灣島嶼多，台、澎、金、馬相距甚遠，兵力分散，容易各個擊破。除須防衛臺灣本島外，尚須戍守金、馬、澎等數十個外、離島，造成平時應變、制變兵力不足；且本、外島因受海、河、山脈之限制，戰時相互支援不易。台島面向大陸一側，地勢平緩，沙灘眾多，對於登陸戰來講是易攻難守，便於大規模機械化作戰。臺灣島地形狹長，縱深小，多為山地，河流縱橫，不利於大兵團作戰，不能採取誘敵深入和大規模機動作戰的方法，一旦防空網被截破，就只有依靠「岸灘決戰」、「寸土必爭，寸土必守」。[11] 大陸彈道飛彈的威脅是現實的，大陸不僅可以打擊前方的臺灣軍隊，還可攻擊臺灣的大後方。對於彈道飛彈來講，臺灣沒有戰略縱深。一旦開戰，臺灣的幾乎全部資本都在戰場前線，完全暴露在遠端火力的打擊範圍之內。例如，臺灣空軍西岸的十個空軍基地，多數靠近海岸，最近處不足五公里，無防禦縱深。內地擁有的巨型地對地飛彈對這些機場構成直接威脅。

　　由於中央山脈的阻隔，臺灣的交通基本是環島型、沿岸型的，容易被切斷：西部高速路的任何一個交會點喪失，或

---

[11] 李克峰，「戰術分析：抗登陸演習中的臺灣坦克」，《艦船知識》二〇〇二年第五期。

者東部鐵路和九號公路的任何一個交會點被切斷，都會造成島內交通癱瘓。臺灣東西部之間的交通聯繫非常薄弱。臺灣沒有橫穿中央山脈的鐵路，中央山脈兩側的交通主要靠三條公路。由於山勢險峻，這三條橫向公路主要用於旅遊，經濟和軍事意義有限。因此，臺灣環島防禦體系很容易被分割，首尾無法相顧，這樣每個區域可用的機動兵力則更少。[12]

　　臺灣的東海岸幾乎都是陡峭的岩壁，直立百丈，形同一座堅固的天然要塞。但相應地，臺灣東部防守薄弱。由於臺灣從北至南有中央山脈等縱貫阻隔，使東部在地理上相對隔絕，從而使臺灣軍隊東部防禦容易陷入困境。鑒此，臺灣軍隊近年來加強了東部基地的建設。基隆、蘇澳等海軍港口除擴建碼頭、錨地等基礎設施外，還注重防護、補給等配套設施的建設。從二十世紀八十年代起，臺灣實施了「佳山計劃」，存軍火，備糧草，還將臺灣東部的戰備司令部搬了過來，加強對東部的防禦。[13] 在花蓮、臺東等外線空軍基地大量興建機場洞庫、機堡、防空洞等掩蔽工事，機場周圍還密集部署了防空飛彈、高射炮和強網防空系統。[14] 花蓮機場是個軍民兩用的機場。花蓮機場還有幾個機庫。但由於平地狹小，飛機從花蓮機場的跑道上滑出後，便只能飛向大海；若想越過中央山脈，往臺灣島的西部和北部飛，也要先在海面上空完成起飛後的所有動作。

---

[12] 胡錫進，「交通動脈容易癱瘓臺灣經不起戰爭」，《環球時報》二〇〇三年十二月十二日第十六版。

[13] 胡錫進，「交通動脈容易癱瘓臺灣經不起戰爭」，《環球時報》二〇〇三年十二月十二日第十六版。

[14] 「臺灣媒體在熱炒大陸軍艦繞過臺灣」，《環球時報》二〇〇二年十一月七日。

3、大陸對島嶼

中國大陸擁有廣闊的陸地作為依託，又有較長的海岸線，而臺灣是一孤島。從登陸來看，臺灣島朝向大陸一方的西海岸地勢平緩，有廣闊的登陸場，為渡海登陸提供了較好的條件，作戰只需掃清海峽內艦艇，然後封鎖海峽兩口，便能夠為渡海船隊提供安全的航渡海域。從戰術上看，臺灣西部海域水深較淺，底質複雜，是實施海上佈雷的良好海域。雖然西部海域屬於淺水區，潛艇活動受到限制，但水下的背景雜訊大，不利於反潛，又便於潛艇的活動。而臺灣北部、東部和南部海域都是深海區域，是潛艇兵力實施封鎖作戰的最佳場所。臺灣北部海域深度從二百米至一千米不等，同時從東海大陸架到基隆外海有幾條海底峽谷，較適合潛艇活動；東部臺灣島往東幾公里的太平洋深處，是很深的沖繩海溝，適合攻擊型潛艇活動；南部位於臺灣島與巴坦群島之間的巴士海峽，平均寬約一百八十五公里，水深一般在二千至五千米之間，最深處達五千一百二十六米，為潛艇戰術機動和攻擊提供了寬闊的空間。這樣一種海洋地理環境，造成臺灣較容易被封鎖起來。

美國退休海軍上校約翰‧塔爾森認為，大陸對付台獨最有效辦法就是對台進行海空封鎖。他認為，根據大陸的海空實力，完全有能力對台進行海空封鎖，以造成臺灣政治、經濟和社會的全面崩潰。屆時，只要將臺灣周圍四十八公里範圍和包括臺灣海峽其他水域在內的戰區規定為禁區，宣佈任何未經授權的船隻進入其中都將被認為是敵對行為，便可有效封鎖臺灣。由於臺灣資源有限，即使保存有九十天的燃料

儲備，再採取措施也堅持不過二百七十天。民進黨對於海島型地理位置所帶來的不利也有認識，二〇〇三年三月民進黨政策委員會「臺灣兵力規模研究報告」認為，「海洋國家的第一個特性就是依賴對外之聯繫，因此戰爭爆發時，假如對方採取封鎖的策略，造成的影響將是全面性的。軍事上的封鎖會使臺灣只能居於被包圍夾擊的劣等守勢，而更深層的影響則是經濟上的。臺灣經濟相當依賴外貿，整個民生物資，包括能源的維繫以致於補給能力都不如中國大陸，一旦遭遇經濟封鎖，民心士氣將會受到嚴重打擊。」

4、臺灣海峽的屏障作用

　　臺灣海峽從地理上把中國大陸與臺灣島分隔開來，臺灣也一直借助著臺灣海峽的屏障作用。客觀地講，臺灣海峽確實為大陸統一的努力帶來一定困難，大陸雖然在陸海空戰力皆享有數量優勢，但由於海洋隔絕，兵力無法一次投入。假如大陸不得不以武力統一的話，那麼就不得不打登陸戰。畢竟渡海登陸不同於渡江渡河。臺灣有海峽相隔，佔據天險，這就造成登陸的困難。氣候因素將會影響攻台時機。海峽對海上軍事行動影響最大的是風浪。一年中，海峽上刮八級風的日子多達一百天左右，歷史上持續時間最長的一場風勁吹了二十多天。頭年十月到次年三月，是臺灣海峽的冬半年，東北季風盛行，約有三分之二的日子在颱風。夏半年西南季風的頻率要少得多，只有四分之一的時間有風。另外，夏天一般至少還會有兩三次颱風影響臺灣海峽。大風起時，海峽

的浪高會有三、四米，刮颱風的時候浪高達十米。[15] 另外，臺灣東海岸以岩岸為主，西海岸泥灘地段限制著建立可用的登陸海灘的數量，雖有沙岸但都極為狹窄、零碎，不適合大兵團登陸。一些比較淺的水道，只有在大潮時大船才能通行。如果算不准潮汐，船隻登陸時可能會擱淺。因此登陸作戰唯有分成數個船團，分散兵力以多波次登陸，多點登岸一途，這個方式必須有堅強的海空掩護方能奏效，否則在海上等待登陸的艦船勢必成為臺灣軍隊的靶船。

另一方面，隨著現代科技的發展，海峽的屏障作用正在減小。如果臺灣海峽在明清時代未能阻止中國收復臺灣的話，在當代的科技條件下它的屏障作用就更小。歷史上，無論是外國佔領者或是臺灣地方割據勢力，大陸對他們採取的軍事行動都能速戰速決、一役致勝。現在的作戰形態是以爭奪制空權、制海權為中心的聯合立體作戰，講究火力跨海、精確打擊。臺灣的地理位置決定了它的空防弱點，射程三百公里的短程飛彈很容易飛越這樣的海隔，從頭到尾的發射過程中，一直停在大氣層內。中程彈道飛彈的最高點超出大氣層之外，而中程飛彈兼具重新快速進入大氣層的能力，低空防禦飛彈想去攔截幾乎不可能。以中國幅員之大，中共能從許多不同的方向發射這類飛彈。臺灣海峽對於第三代戰機來講也不能稱為縱深，戰機從起飛到跨越海峽最窄處只需十分鐘。即使海上艦艇的挺進時間要慢一些，高速艦艇穿越海峽最窄處也只需兩小時左右。軍事專家認為，臺灣海峽的很多

---

[15] 程剛，「臺灣海峽並非天然屏障，惡劣天氣有利進攻」，《環球時報》二〇〇四年三月十日第三版。

自然制約因素是可以避開甚至讓其轉化為有利因素的。比如，颱風、暴雨對中遠端武器的目標識別系統會有少許影響，那大陸可以選別的時機。拿惡劣天氣來說，就常常給進攻一方創造奇襲的良機。[16]

　　總之，從地理上看，臺灣有海峽的天塹，但總體上中國大陸對臺灣享有優勢，臺灣打防禦戰的天然資本不多。

第二節　能源

　　礦物能源在一次能源消費中佔有主導地位，因而對一國的經濟和國防具有特別重要的戰略意義。特別是石油，它是軍事裝備的驅動器，是工業的血液，是人類賴以生存與發展的重要能源之一。石油的穩定供給是影響綜合實力的一大因素，是對戰爭具有重要意義的戰略物資。石油工業的發展與國家戰略、全球政治、經濟發展緊密地聯繫在一起，使世界經濟、國家關係和人們生活水平發生了巨大的變化。石油是國力的重要組成部分，對台海局勢影響尤深。中國是否能保持石油上的供應充足成為是否能攻打臺灣的決定因素之一。

一、中國大陸的能源狀況

　　中國能源礦產資源種類齊全、資源豐富，分佈廣泛，已知探明儲量的能源礦產有煤、石油、天然氣、油葉岩、石煤、鈾、釷、地熱等八種。

---

[16] 程剛，「臺灣海峽並非天然屏障，惡劣天氣有利進攻」，《環球時報》二〇〇四年三月十日第三版。

1、煤礦

中國大陸煤炭資源相當豐富，保有儲量總量中的精查儲量二千二百九十九億噸，與世界探明可採儲量相比，中國煤炭儲量位於俄國、美國之後，居世界第三位。中國煤炭品種比較齊全，在保有儲量中，煙煤占百分之七十五、無煙煤占百分之十二、褐煤占百分之十三。

2、石油

中國是石油資源較為豐富的國家之一，分佈比較廣泛，在三十二個油區探明地質儲量有一百八十一點四億噸。據美國《Oil & Gas》一九九七報導，世界石油剩餘探明可採儲量一千三百九十億噸，中國一九九七年公佈的剩餘探明可採儲量二十二點四一億噸，居世界第十一位。

3、天然氣

中國天然氣資源分佈相當廣泛，資源量也比較豐富，專家預測中國天然氣資源量約有七十萬億立方米。[17]

儘管大陸的能源資源較為豐富，但人均能源可採儲量遠低於世界平均水平。二〇〇〇年人均石油可採儲量、人均天然氣可採儲量、人均煤炭可採儲量分別為世界平均值的百分之十一點一、百分之四點三和百分之五十五點四。隨著經濟的快速發展，大陸對能源的需求超過了自身的供給。下面我們以石油為例來說明這一情況及大陸的對策。

---

[17] 以上煤、石油和天然氣三項資料均引自朱訓主編《中國礦情》第一卷，一九九九年。

　　大陸對於石油的需求日益提高，中國已邁入重化工業和城市化時期。這個階段的特點之一，就是對能源和資源的需求大增，快速發展的機械、汽車、鋼鐵都是單位增加值耗能很高的行業。二○○三年中國石油進口超過九千萬噸，百分之九十以上依賴海上運輸。自一九九三年中國大陸成為石油淨進口國以來，大陸石油對外依存度到二○○二年已經達到百分之三十三。中國已超過日本成為僅次於美國的世界第二大石油消費國。根據學者預測，到二○二○年，中國石油的進口量將達到五億噸，對外依存度很有可能達到百分之五十至百分之六十，與美國目前的百分之五十八相當。官方的預測樂觀一點，北京二○○三年十二月發表《中國的礦產資源政策》白皮書預測，中國二○二○年石油總需求量將達到三到四點三億噸。

　　與強大的需求相對照的是中國石油的供給卻難以增長。二○○三年中國大陸共生產原油一萬六千九百三十一點九萬噸，同比增長百分之一點五；二○○三年中國共進口原油九千一百一十二點六三萬噸，同比增長百分之三十一點二九；大陸原油消費量為二萬五千二百三十一點二萬噸，同比增長百分之十點一五，石油消費總量為二萬七千三百八十九點二萬噸，同比增長百分之十一點五二。[18] 大慶、遼河、勝利等東部主要油田均已進入中晚期，占大陸石油產量約三分之一的中國最大石油基地大慶油田，今後七年內計劃年均削減產量約百分之七，到二○一○年，原油產量降到三千萬噸級水平。到二○二○年，大慶原油年產量預計將下降到二千

---

[18] 參見中國國土資源部網站。

萬。[19] 而理想中的西部新區接替東部油田的戰略目標尚未實現，新增可採儲量不足。二○二○年以後，大陸石油產量將逐漸下降。

針對能源問題，大陸的解決方案大體上可歸結為兩類：一是「節流」，二是「開源」。在節流方面，大陸提倡建設資源節約型社會。目前中國單位能源對 GDP 的貢獻還較低，即使在發展中國家當中，中國的能源利用率也相對較低。中國終端能源用戶用在能源消費的支出占國內生產總值的百分之十三，而美國僅為百分之七。從能源利用效率來看，中國八個主要高耗能行業的單位產品能耗平均比世界先進水平高百分之四十七，而這八個行業的能源消費占工業部門能源消費總量的百分之七十三。按此推算，與國際先進水平相比，中國的工業部門每年多燒掉了約二點三億噸標準煤。[20]

在開源的方面，大陸正努力實現石油供應多元化和多渠道化。迄今為止，中國同海外油源的合作範圍已擴展到中亞的俄羅斯、亞塞拜然、哈薩克斯坦，東南亞的印尼、緬甸，中東利比亞、伊朗、阿曼和中南美洲委內瑞拉，非洲蘇丹等地。中東地區的產油國，諸如沙特、科威特、伊朗等，都在不久前打破了國家對能源部門的壟斷，開始對本國的能源專案進行國際招標。因此，中國將搭乘上這班中東地區的石油快車。[21] 但中國石油進口主要是水路，途經馬六甲海峽和南

---

[19] 「大慶油田面臨枯竭，今後七年計劃年均削減產量 7%」新華網二○○四年三月二十三日。

[20] 《北京青年報》二○○四年三月十日。

[21] 張鑫焱，「沙特與美國越走越遠中國吃到能源大奶酪」，《中國日報》二○○四年三月十日。

海，而這些重要水道基本控制在美國手中；原油的運送路線也必須通過印度以及越南的海域。中國沒有一支能夠在公海巡邏和控制海上石油運輸通道的大型現代化海軍，在能源安全方面處於劣勢。因此，大陸尋找可靠的陸路石油供應勢在必行。

　　陸路石油的供應主要有兩大來源，一是從東北的俄羅斯的西伯利亞地區，另一是從西北的哈薩克斯坦。為了確保西伯利亞的石油，中國早在十多年前，就已經同俄羅斯就具體細節展開談判。一九九四年，雙方這一專案負責人中國石油天然氣集團公司和俄羅斯管道運輸公司、俄羅斯尤科斯石油公司，歷經討論、協商和談判，簽訂了一系列的政府間與公司間推動「安大線」（從東西伯利亞到中國大慶）的專案。然而，這期間日本向俄羅斯提出「安納線」計劃——改修一條繞過中國、完全在俄羅斯境內鋪設到面向俄太平洋出海口的新線路，即從東西伯利亞到俄太平洋港口納霍德卡的石油管道。二○○三年十月，俄羅斯尤科斯石油公司老闆尤科斯，因受到偷稅漏稅的指控，突然被捕。因此，日本後來居上。

　　無論是安納線還是安大線，我們現在都沒有看到俄羅斯政府的正式決定。俄羅斯工業與能源部長赫裏斯堅科透露，中俄石油「安大線」仍有希望，即使退一步，也還有折衷方案，就是在「安納線」接近中國的地方修一條支線通往大慶。[22] 俄方二○○四年七月又提出泰舍特至納霍德卡的管線方案

---

[22] 舒彤，「俄新任工業與能源部長開口，安大線仍有開工希望」，《北京晨報》，二○○四年四月九日。

「泰納線」。這條幹線確定後，將修建通往中國的支線。談到中俄能源合作時，俄各級官員總是強調該領域有多種合作形式，增加以鐵路運輸方式供油就是一項重要內容。[23]

　　安大線的命運難料，使得中國大陸從哈薩克斯坦進口石油顯得更加重要。裏海地區石油天然氣資源豐富，被稱為二十一世紀的戰略能源基地，根據美國能源部一九九三年的統計，裏海石油儲量在五百億到一千九百億桶之間，而其中的百分之四十至五十都集中在靠近哈薩克斯坦的裏海大陸架地區。二〇〇四年三月二日，哈薩克斯坦總理艾哈邁托夫頒佈命令，責成哈政府及國家石油天然氣公司於今年著手興建中哈石油管線第二期工程，即阿塔蘇──阿拉山口──獨山子一線的輸油管道。中哈管線的建成將為中國提供長期、穩定的陸路能源供應，並且其輸油力可等同兩條「安大線」。中哈管道的可行性論證已經通過。由於不經過第三國，也不用鐵路或者油輪運輸，安全係數高，加上中國對石油的需求量一直穩步增長，所以具有很大的投資潛力。[24]

　　除了開源節流，為了加快建立國家石油安全體系，中國大陸正積極建立石油儲備制度。目前中國石油和石化企業共有原油儲罐容量二千一百零七萬立方米，全部用於生產周轉，全系統的綜合儲備天數僅為二十一點六天，均為生產周轉性庫存，沒有戰略儲備庫存，對石油長輸管線輸送設計上只考慮二至五天的儲存量，對鐵路運輸只考慮十五至二十五天的儲存量。這與美國目前的一百二十日和日本的一百六十

---

[23]　王曉玉，「俄羅斯尤科斯石油公司將用鐵路向中國出口石油」，《中國青年報》，二〇〇四年三月二十九日。

[24]　《國際先驅導報》二〇〇四年三月十日。

日的儲存量存在極大距離。如此低的儲備離大陸的戰略需求差得很遠。中國的石油儲備工作從一九九三年開始醞釀，到二○○三年國家發展改革委員會組建國家石油儲備辦公室，各種前期工作一共花了十年的時間。在這之後，發改委員會宣佈中國將在沿海地區建設四個國家戰略石油儲備基地。目前，能儲備一千萬立方米石油的一期工程已經動工。從國際經驗看，石油戰略儲備從來都是在戰爭或自然災難時以保障國家石油的不間斷供給為目的。[25]

　　二○○四年大陸召開人民代表大會期間，上海社科院遞交出一份為戰略石油儲備立法的報告，對中國戰略石油儲備提出了框架性建議，即國家戰略石油儲備立法在第十一個五年計劃初期完成，到二○○六年時，石油儲備達到一百八十天的安全線。[26]但從目前看來，要在兩年內達到一百八十天的儲備量是比較困難的。《北京晨報》二○○四年三月五日報導，中國計劃在二○○五年年底前建成相當於三十五天原油進口量的戰略石油儲備。中國國務院發展研究中心產業經濟研究部負責人馮飛在三月四日指出，中國的戰略石油儲備預料到二○一○年前將增加至五十天。而中國最終的目標是要用十五年時間分三個「五年計劃」建成石油戰略儲備，屆時的儲備量將相當於九十天的淨進口量。[27]

---

[25] 祁和忠，「中國多管齊下力保石油安全，應對國際油市動蕩」，《國際金融報》，二○○四年三月十九日。

[26] 李雋瓊，「石油戰略儲備立法報告提交」，《北京晨報》二○○四年四月七日。

[27] 楊磊，「中國石油戰略儲備再度升級」，《21世紀經濟報道》，二○○四年五月八日。

二、臺灣的能源狀況

　　臺灣能源礦產主要有煤炭、石油、天然氣及地熱等。煤和天然氣主要儲藏於北部火山岩地區及中央山脈。其中煤的開發利用較早，主要集中在北部、中部兩大煤田。其中北部煤田最重要，從東北部海濱向西南延伸到大安溪流域，包括基隆、臺北、新竹、桃園及苗栗等縣。臺灣煤的儲量約一億噸，年產量不足十萬噸。二○○○年，煤炭產量只有八點三萬噸。臺灣煤炭資源目前已逐漸枯竭。

　　石油和天然氣是臺灣較重要的能源礦藏，五十年代初，臺灣就開始油氣的勘探工作，目前已完成石油和天然氣地質勘探面積超過五百平方公里。一九六八年十月，聯合國亞洲遠東經濟委員會發表在東海的石油調查結果，預測釣魚島周圍有海底油田。據美國有關方面人士估計，其石油資源的蘊藏量可能在一百億噸以上。但三十多年過去了，這一預測並未得到證實。所以，臺灣至今尚未發現具有較大規模或發展潛力的油氣田。到一九九九年臺灣探明石油儲量為三億多升，天然氣儲量約一百○七億立方米，主要分佈在中央山脈西部及臺灣海峽。臺灣石油與天然氣自產能力不大。原油產量少，且不穩定。天然氣產量也不斷下降，二○○○年為七點四億立方米，遠不能滿足需求。二○○一年，自產石油與天然氣分別只占臺灣能源供給量的百分之○點○四與百分之○點七七。

　　臺灣能源主要靠進口，能源供給對外依賴性大，總體對外依賴度在百分之九十五以上。進口的來源主要是中東國家。在第一次能源危機後，臺灣制訂新的能源政策，分散能源供給，但收效甚微，未能從根本上改變能源對外的嚴重依

賴與高度集中性。臺灣進口的石油都靠油輪輸入。臺灣現有的商船只能承運百分之三十左右的進出口貨物，其餘貨物需租用外籍商船承運。在未來戰爭條件下，台商船隊易遭封鎖和打擊，而外籍商船將不願冒險承運，戰時臺灣難以得到充足的物資補充。另外，臺灣現有的四個主要港口有三個位於靠近大陸的西部沿海地區，即南端的高雄港、北端的基隆港和中部的臺中港，其中以高雄港和基隆港最為重要。平時兩港口進出口貨物的裝卸總量占臺灣港口總裝卸量的百分之九十以上。而作為唯一替代港的花蓮港，在四大港中年吞吐量最小，且位於東部山區，僅有蘇花公路、東西橫貫公路及環島鐵路與西部工業區相通，戰時難以擔負全島性的補給任務，[28] 因此臺灣十分注意戰爭物資儲備。

　　臺灣軍隊儲備的油料包括軍用汽油、柴油、輕汽油、機油、齒輪油、潤滑油、剎車油和煤油等。二十世紀八十年代末，臺灣石油儲量為二十六億公升，大致可用五十四天。海灣危機中，臺灣加緊進行石油儲備，原油及成品油儲量最高達九十四億公升，儲備能力亦達到超飽和狀態：陸上儲油槽全滿，高雄港外停泊了六艘超級油輪用作海上浮動儲油設施。由此可推斷，臺灣石油儲備最多不超過一百億公升。美阿戰爭開打後，臺灣的中油公司的儲油量高達一百一十天。在一般情況下，如果將尚於海上航行的油輪也計算在內的話，臺灣戰略儲油約為九十天。戰時，在採取節油措施的情況下，臺灣最長可支撐半年正常生產與生活。

---

[28] 張慶、楊文新，「全面分析臺灣『戰爭潛力』」，《軍事史林》，轉引自《華夏經緯網》二〇〇三年十二月二十六日。

三、比較兩岸的能源狀況

1、比較兩岸的能源資源

從能源資源來看，大陸比較有優勢。雖然目前大陸人均石油消費還不到臺灣的十一分之一，一旦台海開戰，美國等國家就有可能對中國實施禁運，造成大陸石油進口的困難，但大陸畢竟還有自己的油田，而且海上供應被封鎖後，還有陸路的石油可以進口。進而，大陸可以集中自己的所有石油用於對台戰爭。而臺灣的石油幾乎完全靠進口，一旦臺灣被封鎖，其石油供應就會被迫中斷，儲油就會被日益耗盡，造成戰爭機器的停轉。屆時，臺灣石油供應的關鍵將在於美國能在多大程度上為臺灣的油輪護航及臺灣能在多大程度上反封鎖。

2、比較兩岸的石油儲備

僅僅從石油儲備來看，中國大陸剛剛開始建立，而臺灣早已建好石油儲備系統。作為一個大國，中國的石油儲備要向美國、日本看齊，但目前中國的儲備與美日比差距仍然頗大，與臺灣比也相差很遠。如在短期內建成三十五日的石油儲備，也仍不足夠一個戰爭國家維持安全水平。因此大陸是否有足夠的石油將取決於戰爭能否在短時間內結束。如果中國能在二〇〇五年將石油儲備增加至三十五日，意味著中國在二〇〇五年將有足夠的石油儲備用於對台實施閃電戰。但如果大陸計劃打一場像封鎖戰這樣的持久戰的話，又或閃電戰變為持久戰的話，大陸的石油儲備則遠遠不夠。

雖然大陸的石油儲備少於臺灣，但一旦開戰石油儲備將

是雙方互相打擊的重點目標。臺灣資源密集，飛彈對石油儲備是很嚴重的問題。相對於臺灣，大陸資源就很分散、遙遠。大陸用一分飛彈打臺灣可以發揮一分的力量；臺灣打到大陸只能有零點幾分。再加上大陸發展太空衛星，臺灣目標看得清清楚楚。軍事分析家指出，台海若爆發戰爭，臺灣軍隊的戰略物資儲備有百分之七十會遭到摧毀，油料最多只夠用三個星期。海灣危機爆發後，台曾實行控制用油，使得三分之一以上的產業發生波動。台各地加油站出現了民眾用二百公斤的大油桶瘋狂大採購的場面。戰時戰略物資緊缺的問題將嚴重影響臺灣的戰爭支撐能力，如果重要戰略物資的儲備遭到破壞，會很快出現斷炊的局面，民心士氣也將因此而大受影響。[29]

第三節　人口

一、大陸人口概況

中國是世界上人口最多的國家。目前中國約有十三億人口。二〇一五年達到十四億，二〇二五年達到十五億。預計到二〇四〇～二〇五〇年，中國人口總量將達到十五點七億至十六億的歷史最高峰值，隨後將在這一水平上基本穩定下來。

從人口構成看，中國是個多民族國家，共有五十六個民族，漢族是主要民族，習慣上把漢族以外的五十五個民族統稱為少數民族。一九九〇年第四次人口普查時，少數民族總人口為九千一百二十萬，占全國百分之八。

---

[29] 張慶、楊文新，「全面分析臺灣『戰爭潛力』」，《軍事史林》。

　　從年齡結構看，中國大陸地區老年人口比重持續增長。二〇〇〇年第五次人口普查表明，中國六十歲及其以上老年人口已達一億二千六百萬，占總人口的百分之十(六十五歲以上老年人口為八千六百八十七萬，占百分之七)，並以年均百分之三的速度持續增長。中國大陸已經變成典型的老年型人口的國家。預計老年人口比重到二〇二五年將增至百分之十八，到二〇五〇年，老年人口將占到總人口的四分之一。不過與臺灣將六十五歲作為老齡界限不同，中國大陸將六十歲作為界線。

　　近來人們擔心大陸的獨生子女將對大陸兵員造成影響，因為實施計劃生育政策後出生的一代已大量進入服役年齡。中國軍方有關部門提供的一份統計資料顯示，上海、南京、杭州等大城市二〇〇一年入伍的新兵中獨生子女已占到百分之九十以上，其他中小城市和經濟發達的農村地區也占到了百分之七十。因此我們有必要來看一下這方面情況。獨生子女成長於中國和平建設和經濟健康發展時期，生活條件優越，也因此被一些人認為是「貪圖享樂、性格乖張、意志薄弱的一代」。這一代能否適應艱苦的訓練和緊張、嚴格的軍營生活？從實際情況來看，他們獨立、有責任感，所受教育也比父母一代優秀。根據中新網北京二〇〇四年三月十日消息：獨生子女大量進入軍營使得部隊兵員的素質得到了提高。獨生子女進入服役年齡也沒有對兵員造成影響。青年報名參軍的人數逐年增多。據《中國國防報》報導，獨生子女家庭和社會對獨生子女入伍服役持積極支援態度的比例超過了百分之八十。

二、臺灣人口概況

臺灣地狹人稠。二〇〇三年底臺灣總人口為二千二百六十萬人，人口密度為每平方公里六百一十九人。人口主要集中在西部平原，東部人口僅占全部人口的百分之四。人口密度平均每平方公里為五百六十八點八三人，臺北市的人口密度已達每平方公里一萬人。長期以來，臺灣人口總體上呈增加趨勢。一九四六年時，總人口為六百〇九萬人；一九五八年超過一千萬人，一九八九年超過二千萬人。此後人口增長放慢，二〇〇〇年為二千二百二十八萬人。不過，就人口自然增長率觀察，上世紀五十年代以來，臺灣人口增長率基本上處於下降趨勢。一九六五年以前，臺灣人口增長率一般在百分之三以上，此後到七十年代末保持在百分之二至二點九之間，八十年代以後人口增長率開始持續下降，一九九一年首次降至百分之一以下，二〇〇一年為百分之〇點六。有關專家認為，雖然目前臺灣人口仍呈增長，但增加率已經銳減。加上人口外遷的因素，估計在十年內臺灣人口就會停止增長。[30]

從年齡結構看，臺灣人口有老化的趨勢。到二〇〇一年底，〇至十四歲的人口比例降到百分之二十五點八，十五至六十四歲的人口比例上升到百分之六十七點四，六十五歲以上的人口比例上升至百分之六點八。其中，年齡中位數為二十八點二歲，年齡老化指數上升為百分之二十六點四。根據臺灣經建會的研究報告，臺灣六十五歲以上人口預估二〇二

---

[30] 張勇，「遷出臺灣者多於遷入者」，新華社二〇〇四年三月四日。

〇年將成長至百分之十四。[31] 到二〇三〇年時，這一比例將近百分之二十。人口出生率持續走低，而平均壽命卻持續延長，使臺灣面臨老齡化社會的考驗。

從人口構成看，臺灣也是個多民族地區，主要有漢族、蒙古族、回族、苗族、高山族等民族。其中百分之九十七以上是漢族。漢族人口中，以閩南人和客家人為兩大分支。

三、人口對兩岸實力的影響

1、人口的數量

在人口數量方面，大陸對臺灣具有絕對優勢。由於有龐大的人口基數，大陸從來沒有兵源的壓力。中國大陸除了可以維持世界上最大的正規軍外，還擁有一百萬預備役部隊，三千六百萬民兵。雖然只生一個的政策會造成某些獨生子女的家庭不願自己的子女去當兵，但只要人口中很小比例的人願意當兵大陸就不會有兵源的問題。而事實上，每當大陸徵兵，報名的青年都很踴躍。特別是大陸有龐大的農村人口。農村獨生子女所占比例較低，至今還不到每年出生人數的百分之十。一九九七年大陸農村地區育齡婦女人數為二點三三億人，其中只有一個孩子的婦女所占比例為百分之二十四點五。也就是說在大陸農村超生的情況是比較普遍的。目前大陸的只生一個的政策已有所放鬆，當大陸的總人口達到十五至十六億高峰時，相信大陸的人口政策會有改變。

大陸人口數量的優勢還延伸到海外。與二十多年來中國

---

[31] 胡創偉，「新生兒少異域新娘多，臺灣人口家庭嬗變觸目驚心」，新華網二〇〇四年一月六日。

經濟發展平行的重要現象，是華裔和中國移民在全球各地的迅猛擴展。例如二〇〇四年四月一日，《紐約時報》以頭版重要篇幅，報導了加拿大華人的巨大成功，以及他們在加國政治影響力的空前增加。美國華人社團的發展也不遜色。[32] 華裔移民在世界各國的增加和政治影響力的增強，將促使各國政府在處理對兩岸的關係時更多地倒向大陸方面。

相比之下，臺灣人口則少得多，其直接結果就是臺灣兵源吃緊，服兵役的人力不足。據臺灣統計，一九八九年未滿十八歲的人口占總人口的百分之三十二點七，而一九九九年這一比例減少至百分之二十七點三。臺灣二〇〇三年徵兵適齡男子共計十九點四萬人，比上年減少百分之一點九五，持續呈現逐年遞減的趨勢。近年來，臺灣裁減軍隊，臺灣軍隊總人數在四十萬以下，比七十年代以前減少了二十萬人以上。按理說，臺灣軍隊的兵源壓力應有所緩解，也就無需實施義務兵制。但臺灣還是堅持普遍義務兵役制。其理由一是臺灣出生率從二十世紀八十年代開始下降，兵源不如過去充沛；二是必須保持足夠的後備兵源。

根據臺灣國防部規劃，未來常備部隊將以募兵為主、戰鬥支援或勤務支援部隊為徵兵、募兵並行，後備部隊采行徵兵，以滿足防衛作戰人力需求，募兵與徵兵比例約為六比四。以平均每年精簡一點五萬人的速度，到二〇一二年常備部隊降為二十七萬人，改為募兵為主的兵役制度。二〇〇四年臺灣開始實施「精進案」，並首次試辦募兵制，預定招募

---

[32] 于時語，「台海問題──風物長宜放眼量」，《聯合早報》，二〇〇四年四月十日。

六百四十七名志願役士兵，編成三個實驗營，但實際僅招募
到三百六十七名，只達到原需求員額的百分之五十七。

　　由於兵源的不足等原因，臺灣軍隊不得不進行裁減，例
如，臺灣海軍陸戰隊將裁去大半兵力，只保留約一點五萬
人。多年來，臺灣海軍陸戰隊的規模，一直保持在三萬人上
下。編為兩個師（九十九師、六十六師），另有獨立登陸戰
車團一個，勤務團一個，蛙人搜偵隊一個。如今，臺灣海軍
陸戰隊的獨立登陸戰車團，已經縮編為「獨立登陸戰車大
隊」。從團級降到了營級。而幾個「蛙人搜偵部隊」也縮編
為一個搜偵大隊。臺灣參謀總長羅本立認為：「人力與財力
資源，是國軍精簡的關鍵因素：國軍的人數取決於役男的人
數，根據臺灣內政部未來十年役男的人數統計，將來人數還
會下降，所以國軍的兵力將繼續下降」。

　　從戰時動員的角度看，臺灣具有一定的人力動員潛力。
臺灣目前有後備兵員三百八十萬人，其中一百萬人列入軍事
動員體系，二百八十萬人列入民事動員體系。一百萬軍事動
員人員大多曾在軍隊服役，因此，在戰爭初期將具有較強的
作戰能力。但是，隨著戰爭進程的推進，台人力動員將受人
口絕對數量的制約，後備力量將後繼無人。如果兩岸爆發戰
爭，大陸受影響的人口將十分少，而臺灣總人口的十百分之
五將直接參加戰爭，大約百分之五十的臺灣家庭有人員進入
軍隊或第一線作戰。

2、人口結構

　　比較兩岸人口結構我們可以發現，兩岸的人口都是以漢
族為主體，具有同構性。兩岸同文同種是兩岸自然統合的基

礎。大陸提出中國人不打中國人，就是基於血濃於水的民族
情感。也許是因為這一原因，台獨目前尚無法成為臺灣的主
流民意。台海戰爭爆發的最大可能性是臺灣宣佈獨立，這是
臺灣民眾所不願看到的，也是臺灣軍方不願看到的。台獨活
動造成軍心不穩，不知「為誰而戰，為何而戰」。因此，即
使民進黨執政後，軍方也多次表示了反對台獨的立場。若出
現因台獨而發生的台海戰爭，可以預計，臺灣軍隊戰鬥力會
受影響。

　　從人口的年齡結構看，臺灣勞動力總數有限，而今一些
四十五歲以下的青壯年人已不在臺灣，他們或移居海外，或
在大陸工作、居住，如果台海戰爭爆發，又有更多的青壯年
人會離開臺灣，這將給臺灣軍隊的戰時動員造成困難。臺灣
的動員物件正是勞動力中的青壯力量，他們大多亦是各行各
業的骨幹，收入較高，社會和家庭責任大，個人利益同供職
單位聯繫密切，因此，戰爭一旦發生，他們勢必將投入戰爭
同能否維護個人利益聯繫起來，心理產生波動。

結語

　　從對兩岸地理、能源和人口的比較我們可以發現，有一
些因素對大陸不利，但總的來說，大陸對臺灣具有較明顯的
優勢。在地理方面，大陸廣闊的土地對臺灣狹小的孤島形成
重壓之勢；臺灣海峽的存在對於渡海作戰造成一定困難，但
隨著科技的發展海峽天塹的作用在降低。在能源方面，中國
大陸的能源供應緊張，石油儲備才剛剛開始建立，但與臺灣
相比，大陸的石油資源還是比臺灣多一點。在人口方面，大
陸雖然有結構上的問題，但在數量上的優勢則是極為明顯的。

第三章　兩岸經濟實力對比

　　長期以來，臺灣往往強調自己的經濟奇蹟。確實，臺灣在戰後經濟有了長足的發展，其在兩蔣統治下的政府對臺灣經濟進行了高效的管理，使臺灣成為亞洲的四小龍之一。特別是它在中國大陸忙於政治運動的時期，抓住了機遇，成功地實現了由農業經濟向工業經濟的經濟轉型。然而，當時代進入二十一世紀，大陸經濟經過改革開放已獲得飛躍發展之時，臺灣是否還擁有優越於大陸的經濟實力？臺灣常誇耀的經貿實力在面對大陸時到底有多強？這對兩岸的決策者和民眾都是個重要問題。本章就是要探討經濟實力這一綜合實力的主要因素。

　　本章第一節將探討大陸為什麼以增強綜合實力作為國家發展的大戰略及其發展步驟。第二、三、四、五節分別比較兩岸的經濟增長率、工業生產能力、農業生產能力和新經濟的發展趨勢。第六節探討大陸經濟的跨越式發展模式。第七節總結兩岸經濟實力消長對兩岸關係未來發展的影響。

第一節　北京的大戰略及發展步驟

　　在大陸各項施政目標中，現代化是目前北京最優先的政策，北京建政以來一直期望能在經濟上超英趕美。可是由於體制的弊病和政策的失誤，大陸的經濟水平反而與世界水平拉開了距離，與臺灣的差距也明顯加大。自一九七八年以來，大陸認識到如果不儘快提高大陸的經濟水平，中國就不能屹立於世界民族之林，就會受到列強的欺侮。因此，中共

十一屆三中全會決定將工作重點轉移到經濟建設上來。鄧小平設計了中國分「三步走」基本實現現代化的構想。一九八七年十月的中共十三大正式確定:「經濟建設的戰略部署大體分三步走。第一步,實現國民生產總值比一九八〇年翻一番,解決人民的溫飽問題。第二步,到本世紀末,使國民生產總值再增長一倍,人民生活達到小康水平。第三步,到下個世紀中葉,人均國民生產總值達到中等發達國家水平,人民生活比較富裕,基本實現現代化。」

一九九七年的中共十五大仍然堅持此政策。十五大的一項重要特點是對經濟問題的重視。經濟方面相關的內容,第四節「社會主義初級階段的基本路線和綱領」和第五節「經濟體制改革和經濟發展戰略」,占了全文的三分之一強,可以看出大陸對於經濟發展的重視程度。十五大報告對現代化建設的第三步發展戰略做出了新的部署:「第一個十年實現國民生產總值比二〇〇〇年翻一番;再經過十年的努力,使國民經濟更加發展,各項制度更加完善;到下世紀中葉,基本實現現代化。」

二〇〇〇年十月中共第十五屆中央委員會第五次全體會議又審議並通過了《中共中央關於制定國民經濟和社會發展第十個五年計劃的建議》。全會按照十五大對現代化建設的部署,提出了「十五」時期經濟社會發展的主要奮鬥目標:國民經濟保持較快發展速度,經濟結構戰略性調整取得明顯成效,經濟增長質量和效益顯著提高,為到二〇一〇年國內生產總值比二〇〇〇年翻一番奠定堅實基礎。會議提出,發展是硬道理,是解決大陸所有問題的關鍵。面對經濟全球化趨勢增強,科技革命迅猛發展,產業結構調整步伐加快,國

際競爭更加激烈的新形勢；面對現代化建設的艱巨任務，解決經濟和社會生活中存在的矛盾和問題，必須保持較快的發展速度。要堅定不移地堅持以經濟建設為中心不動搖，抓住機遇，加快發展，努力提高大陸的綜合實力。

二〇〇二年十一月中共十六大報告指出，「世界多極化和經濟全球化的趨勢在曲折中發展，綜合國力競爭日趨激烈。形勢逼人，不進則退。」報告要求，必須最廣泛最充分地調動一切積極因素，不斷為中華民族的偉大復興增添新力量。十六大並規劃，國內生產總值到二〇二〇年力爭比二〇〇〇年翻兩番。

從大陸自一九七八年以來的一系列政策方針中我們可以清楚地看出大陸的思路。大陸認為，在當今世界上，一個國家、民族要不受欺侮，必須要有雄厚的國力作後盾；綜合國力的競爭，是當今世界發展的趨勢和特徵。一九九六年江澤民在「八六三計劃」十周年工作會議說，現代國際社會的競爭，說到底是綜合國力的競爭。增強綜合國力，關係到國家能不能在競爭中立於不敗之地。北京認為，隨著冷戰的結束，圍繞確立一個什麼樣的世界經濟政治新秩序的鬥爭日趨激烈。雖然和平與發展仍然是當今世界的主題，但是霸權主義和強權政治有所抬頭。國強才能太平，落後就要挨打。要維護國家主權和領土完整，必須盡一切努力增強中國的綜合實力。今天的世界是發展的世界。放棄發展必定會被開除於世界之外，放慢發展也一定會被開除於世界之外。根據北京的判斷，當前和今後一段時期內相對穩定的國際和平環境，為大陸的發展和壯大提供了機遇。大陸可以爭取較為有利和相對穩定的外部環境，集中主要力量發展經濟，提高綜合實力。

第二節　兩岸經濟發展速度之比較

　　我們首先來看大陸國民生產總值（GDP）的增長速度。大陸現代化建設分三步走的藍圖正逐步成為現實。一九八七年，大陸提前三年實現國民生產總值翻一番的目標。一九九五年，原定二〇〇〇年國民生產總值翻兩番的任務也提前完成。一九八〇年，大陸的國民生產總值為四千五百一十七點八億元，一九九五年達到五萬七千四百九十四點九億元，按可比價格計算，平均每年增長速度為百分之九點四。經過「九五」前兩年的努力，在一九九七年又提前三年實現了人均國民生產總值比一九八〇年翻兩番的任務。一九八〇年，大陸的人均 GDP 為四百六十元，一九九七年為六千零五十三元，按可比價格計算，平均每年的增長速度為百分之八點七。這期間大陸抵禦住了亞洲金融危機的衝擊，國民經濟保持持續快速發展，綜合實力顯著提高。一九九六年國民生產總值為六點六萬億元人民幣，一九九七年達到七點三萬億元人民幣，一九九八年達到七點九萬億元人民幣，一九九九年突破八萬億元人民幣，達到八點二萬億元，人均國民生產總值為六千五百一十七點四元。世銀資料顯示，大陸在九十年代平均經濟成長率達百分之十一點二。到二〇〇〇年大陸國民生產總值突破一萬億美元，人均 GDP 超過八百美元。這表明大陸完成了現代化建設的第二步。目前，大陸經濟總量已躍居世界第六位，增長速度居世界首位，遠高於世界平均水平。

　　從大陸發展前景看，由於大陸經濟仍處於工業化初期，生產力發展不平衡，又擁有十三億人口的巨大市場潛力，所

以經濟仍有較大的增長空間。世界銀行《一九九七年全球經濟展望與發展中國家》的報告認為，在未來二十五年內，中國大陸的年增長率平均為百分之七。世界銀行預測，大陸的經濟力將於二〇二〇年晉升為世界第一。二〇〇〇年世界銀行對全球主要國家二〇一〇年經濟做出預測。二〇一〇年大陸的 GDP 將是一九九八年的二點二五倍，大陸占全球 GDP 的比例將從一九九二年的百分之一，一九九八年的百分之三點三三上升到百分之四點七。到二〇二〇年，按購買力評價，大陸占世界 GDP 的份額將上升到百分之八。根據史丹佛大學教授劉遵義先生的計量模型推算，今後二十五年大陸經濟仍可維持百分之七點五以上的增長率。[33] 根據國務院發展研究中心翟凡博士和他的同事的計算，在二十一世紀頭十年中，大陸年經濟增長幅度最大可達百分之七點九。在二十一世紀第二個十年中，大陸經濟將以百分之六點五的幅度逐年增長。到二〇二〇年，大陸國民生產總值將達到人均五千美元，經濟總量將超過日本，有望成為世界第二經濟大國。[34] 中共十六大報告中提出了一個數值目標：二〇二〇年 GDP 總值達到二〇〇〇年的四倍（達到四萬億美元以上）。報告在認識到「發展不平衡」、「城市和農村存在雙重經濟結構和地區間差距拉大的趨勢未得到轉變」等經濟問題的嚴重

---

[33] Lawrence J. Lau, 「Long-Term Economic Growth in the PRC and Its Sectoral Implications,」 in A. Freris, ed., *The Economy of the PRC: Analysis and Forecasts*, Studies by the Salomon Brothers Panel of PRC Experts, Report No. 1 (New York: Salomon Brothers, November 1995): 71-96.

[34] 《國際金融報》，二〇〇〇年九月二十七日第二版。

性的同時，貫穿了「發展優先」這一基本思路。中國的年均
經濟增長率如果能夠保持在百分之七至八的速度水平上，自
一九八〇年算起，中國將連續保持四十年的高速經濟增長。

　　現在我們來看臺灣的經濟增長情況。臺灣經濟維持中度
成長，整體經濟表現相對於世界平均水平是優異的。臺灣的
經濟彈性以及強勁的出口表現，始終維繫了國民生產總值的
穩定成長。一九九〇至一九九八年間，臺灣經濟成長率平均
達百分之六點二，全球排名居第九位。一九九八年臺灣有百
分之四點八的增長率，一九九九年有百分之五點四的增長
率。二〇〇〇年上半年臺灣的增長率本來有顯著提高，但臺
灣由於股市下挫、投資減少等因素，全年經濟成長率出現向
下調整的狀況。二〇〇〇年十二月美國債信評等公司標準普
爾在臺北宣佈，將臺灣經濟評等展望由「穩定」（stable），
調降為「負向」（negative），這是近十年來該公司首度憂慮
臺灣經濟管理能力。臺灣經濟自七十年代以來一直趨緩。以
臺灣經濟成長率每十年計算一個平均來看，七十年代是百分
之十，八十年代是百分之八，九十年代是百分之六。進入新
世紀後，臺灣的平均經濟成長率已不到百分之四，二〇〇一
年更創下了五十年來空前的負成長(負百分之二)紀錄。[35]

　　而展望未來，二十一世紀的臺灣經濟特色之一是成長趨
緩。儘管臺灣經濟擺脫了兩年前的衰退局面，但衡量長期經
濟景氣的其他指標均呈疲弱之勢。另外，二〇〇二年臺灣的
本地投資較二〇〇〇年下降了近百分之二十五，至四百八十
八億美元。二〇〇二年的境外直接投資從二〇〇〇年的歷史

---

[35]　石齊平，「臺灣老本還能吃多久？」，《兩岸關係》，二〇〇二年十二月。

最高點七十六億美元銳減至三十三億美元，降幅超過百分之五十，為一九九六年以來的最低紀錄。中華經濟研究院預測在二十一世紀的頭十年，臺灣平均經濟成長率將介於百分之五與百分之五點七之間。根據經建會委託日本三菱研究所「臺灣經濟與產業的二十一世紀遠景——邁向新技術立國的挑戰」之研究，如果臺灣未來外銷持續擴大，生產力持續提高，投資水準提高，中長期而言，臺灣能維持百分之五的成長，到二〇二〇年每人 GDP 可達三萬六千美元。

比較兩岸的經濟發展我們可以看出，臺灣的人均 GDP 遠遠高於大陸，但大陸的整體 GDP 以及增長率則遠遠高於臺灣（見表一）。這是因為發展中國家的經濟總是可以借助國際上已有的資金和技術使經濟得到加速發展；而已發達國家因已進入發展高原，其發展速度會自然減低。根據各方面的預估，在未來的二十年裏，大陸的增長率將比臺灣持續地多出二個百分點。如果大陸真能如此發展的話，那麼大陸與臺灣的經濟差距將逐漸縮小。更重要的是，作為一個大國，大陸可以利用規模效益集中力量辦大事。例如，大陸對每人徵一元錢所得的款項將遠遠多於臺灣對每人徵十元錢所得的款項。隨著大陸經濟規模的擴大，大陸在未來面對臺灣時也就會更加從容。從這個角度看，說時間是在大陸一邊並不為過。

表一：兩岸ＧＤＰ之比較（單位：億美元）

	一九九二	二〇〇〇
大陸	5061	10000
臺灣	2105	3500

GDP 增長率（百分之）

	一九八〇至 一九九〇	一九九〇至 二〇〇一	二〇〇二	二〇〇三
大陸	10.1	10.0	8.0	9.1
臺灣	8.6	5.0	3.5	3.2

引自: Linda Y.C. Lim, 「Asia's Growth Markets and their Impact on U.S. Business」, presentation at Kellogg and Michigan Business Alumni, Chicago, October 9, 2003. Data for 2003 is compiled from the National Bureau of Statistics of PRC and the Ministry of Economic Affairs of ROC.

第三節　比較兩岸工業生產能力

我們先來看大陸的工業。大陸工業現今具有如下特點。首先，大陸具有一個相對完備、體系獨立的工業體系，在輕工、紡織、家電、重化工等加工業都具備了相當的競爭力。大陸的能源工業、冶金工業、化學工業、建材工業、機器設備和通訊設備製造工業、交通運輸製造工業及各種消費品工業等傳統工業都形成了龐大的生產能力，高新技術產業也初具規模並迅速增長。

其次，大陸工業規模壯大實力增強。自一九九六年以來，鋼、煤、水泥、農用化肥、電視機的產量一直位居世界第一位，發電量、化學纖維等產品產量居世界第二位。

　　再次，大陸工業支撐著大陸國民經濟發展。九十年代中期以來，工業增加值占 GDP 的比重一直保持在百分之四十左右；在國家財政收入中工業的比重穩定在百分之四十以上。

　　第四，大陸工業品出口持續增長。自一九八〇年以來，工業品出口年均增長百分之十五，一九九九年工業製品出口額占總額的比重高達百分之九十，特別是技術含量較高的機電產品，其出口增加額已經占到百分之八十八，成為拉動出口增長的主要力量。

　　當然，大陸工業也有不少劣勢：如企業規模小而散、專業化水平低；在產品結構上，過剩與短缺並存；工藝裝備落後；能源利用率低；勞動生產率低等。儘管如此，依據其巨大的本土市場，在勞動密集和中間技術製造業，以及部分高技術產業中，今後大陸仍將具有一定的比較優勢。

　　臺灣的工業情況如何呢？臺灣工業發展基礎穩健，臺灣產業逐漸朝高技術、高資本密集方向發展。重工業占製造業生產淨值之比重，已由一九八六年之百分之四十八點五提升至一九九八年的百分之七十一點五；同時，按高科技、非高科技區分，一九九八年高科技產品占製造業出口值比率達百分之四十九點八，較一九八六年之百分之二十七點六，提高二十二點二個百分點；若按重化、非重化區分，一九九八年重化工業產品出口比率則為百分之六十四點三，較一九八六年之百分之三十五點六高出二十八點七個百分點，顯示工業升級之努力已具成效。

　　但臺灣的工業也面臨許多問題。臺灣宏觀產業結構失衡，第二產業過度集中於資訊電子產業。自由化與國際化蔚為風潮以來，智慧財產權的保護逐漸形成共識，促使國際分

工專業化加速發展；經濟社會快速轉型，勞動、用地取得、環保等問題逐一浮現，公共設施亦待充實。勞工工作時間的縮短、外籍勞工數量的減少與其他社會福利政策等的落實，加大了企業的生產成本，使傳統產業經營起來更加困難重重，不少企業特別是紡織與家電等產業紛紛倒閉或外移，大部份傳統產業都已展開大陸投資。臺灣如何在產業紛紛外移趨勢中鞏固根本，加速工業升級，落實科技島建設，成為臺灣當前重大挑戰。

以核電為例

本章不可能對所有工業指標一一進行比較，而是僅以核電為例作一簡要對比。現代核電工業的發展狀況是一個國家是否發達的重要標誌之一，電力是經濟發展的瓶頸，也是投資環境的重要一環。比較兩岸核電狀況與政策可窺見兩岸未來經濟發展之一般。

大陸從七十年代開始籌建核電站，現有兩座核電站在運行：秦山核電站和大亞灣核電站。在建的核電站有四座：秦山二期核電站、嶺澳核電站、秦山三期核電站、連雲港核電站。另外迄今大陸最大的核電專案在廣東陽江即將破土動工。陽江核電站計劃總投資八十億美元，將建成六台百萬千瓦機組，預計年發電量約四百五十億千瓦時。二〇〇〇年十月，中共的十五屆五中全會第一次在文獻中提出適度發展核電的方針。大陸有關部門規劃到二〇二〇年將建成核電總裝機容量三千二百萬千瓦，從而使大陸核電的裝機容量占全國電力總裝機容量的比例由二〇〇〇年的百分之一上升到百分之四左右。大陸核電技術經過近二十年的發展，目前處於

世界先進水平。

　　反觀臺灣，民進黨黨章中明確表示建立非核家園的目標。本來臺灣的核電有相當的基礎，國民黨執政時於一九八〇年開始建第四座核電站（核四）。但民進黨執政後執意要廢核四，造成核四一度停建。停建核四電廠後，科技產業因擔心未來電力不足而計劃紛紛外移。二〇〇〇年九月香港標準普爾公司將臺灣電力公司的「ＡＡ」長期信用評級列入負面信用觀察名單。這反映出核四停建，該公司的電力供應系統及財務結構將遭受負面衝擊。在工商界和在野黨的強烈反對下執政黨只好復工。但民進黨並不甘心，陳水扁在二〇〇三年六月底公開宣示，在二〇〇四年三月總統大選前舉辦核四公投。後來不了了之。在核四問題上停建，復工，公投的反反覆覆，已經使臺灣的投資環境惡化，對臺灣未來經濟發展投下陰影。

第四節　比較農業生產能力

　　大陸農業在改革後得到了發展。主要農產品全面增產，農業結構得到調整，農村勞動力就業空間拓寬，農民收入大幅度增加，農業保持了連續二十多年的持續穩定快速發展的勢頭。大陸近年糧食總產量在五億噸，消費為四億八千萬噸。大陸人均佔有的農產品明顯增加，糧食人均佔有量已從一九九五年的三百八十七公斤提高到一九九九年的四百〇六公斤，而肉、蛋和水產品人均佔有量分別達到四十七點五公斤、十七公斤和三十二點九公斤，已超過世界平均水平。大陸最大缺糧省甘肅實現糧食自給有餘。農業專家認為，這

給國際上「誰來養活中國」的爭論畫上了句號。[36]

　　目前大陸農業的主要問題是勞動生產率低。農村從事種植業的勞動力一年人均生產糧食二千公斤左右。其他問題還有抗災能力低、科技含量低、技術裝備水平低、單位面積產量低等。[37] 大陸加入世貿組織，農業直接面對國際生產者的競爭和衝擊。大陸糧食、棉花的價格已失去了在國際市場上的競爭優勢。但大陸的油料、糖料、水果蔬菜等農業經濟作物和水產品、肉類卻在國際市場上具有較強的競爭優勢。

　　臺灣的農業發展一直是成功的。臺灣在一九五二年便已實現糧食自給自足。但臺灣經濟全面發展後，農業的作用已降低。臺灣農業成長趨於遲緩，其占 GDP 百分比持續降低(由一九八六年的百分之五點六降至一九九一年的百分之三點八，一九九八年續降至百分之二點九)。農業在經濟發展的地位，逐漸由早期單純生產面的貢獻，轉為兼顧生態之維護。鑒於農業為穩定國民生計、維護生態環境的重要產業，臺灣推行了《農業綜合調整方案》等系列方案。而現在臺灣農業面臨的問題也和大陸一樣，即加入世貿對臺灣部分農產品也造成打擊。

第五節　比較新經濟的發展趨勢

　　新經濟又稱知識經濟、資訊產業、高新技術產業等。新

---

[36] 左穎，「5000 億公斤　世界為中國農業喝彩」，《北京晚報》，二○○二年十月十四日。

[37] 李文學，「世紀之交看農業」，《人民日報》，二○○○年九月七日，第十一版。

經濟具有「軍民兩用性」。這意味著發展新經濟可一箭雙雕地增強綜合實力的兩個基本要素──經濟力和軍事力，從而對增強綜合實力發揮「雙重的作用」。[38] 當今世界，新經濟發展水平已經成為衡量一個國家綜合實力的重要標誌。

　　大陸認為，大力發展電子資訊產業，廣泛採用電子資訊技術，推進國民經濟資訊化，對大陸早日躋身世界發達國家行列，具有重大的現實意義和深遠的歷史意義。中共十四大以來，大陸政府對電子資訊產業的發展十分重視，做出了大力振興電子工業，使之成為帶動整個經濟增長和結構升級的支柱產業的決策。特別是中共十四屆五中全會把電子資訊產業作為新的經濟增長點，重點扶持，加快發展。二○○○年發佈的第十個五年計劃指出，科技進步是增強綜合實力的決定性因素，要繼續實施科教興國戰略，積極推進具有戰略意義的高技術研究，發展高新技術產業，提高科技持續創新能力。中共十六大提出要走「新型工業化道路」。所謂「新型工業化」，主要是指重點發展資訊化、高科技化、資本技術集約型產業，同時兼顧資源和環境。大陸信息產業部確定的新世紀資訊技術產業發展策略是：對於發展比較成熟、具有相當規模和相對優勢的產業門類，將進一步通過市場機制優勝劣汰；對於面向二十一世紀、涉及國家安全和有利於綜合實力提高的相關技術和產業則重點發展，主要包括積體電路設計與製造、網路與通信、電腦與軟體、數位化產品及資訊

---

[38]　馮昭奎，「世紀之交的抉擇」，《人民日報》，一九九九年十月十五日，第七版。

安全類產品等。[39]

　　目前大陸已經形成了比較完整的科學研究與技術開發體系，整體科技發展水平位居發展中國家前列。二〇〇〇年大陸研究與發展活動經費達到八百九十六億元，占國內生產總值的比重達到百分之一，實現了歷史性突破；科技進步對經濟和社會發展的支援能力正在提高，二〇〇一年高新技術產品出口達到四百六十四點五億美元，對商品出口增長的貢獻率達到百分之五十五點五。[40]「第九個五年計劃」期間，大陸資訊設備製造業和服務業的年增長率持續保持在國民生產總值年增長率的三倍以上。據測算，未來大陸資訊產業仍可保持三倍於國內生產總值的增長速度，即平均每年增長百分之二十以上。到二〇〇五年，資訊產業增加值占國內生產總值的比重將提高到百分之五左右。國際輿論認為，二十一世紀的大陸，將是全球最大的電子資訊市場。

　　大陸新經濟產業雖然發展速度迅猛，但目前在該領域的一些關鍵性技術，還是落後的，比如高速 CPU 晶片和記憶體的設計與製造、基礎性軟體及一些大的應用系統的開發能力。現在大陸生產的軟體產品只能滿足市場需求的百分之三十；同時資訊產業對經濟社會各領域的滲透不夠，產業結構也不盡合理。由於資金不足，研究開發費用占 GDP 的比例還低於亞洲國家。

　　現在我們來看臺灣的情況。詹維玲和胡勝正指出，「臺灣資訊電子產業初期的產業結構以中小企業形成的網路為

---

[39]　《人民郵電報》二〇〇〇年四月二十七日。

[40]　徐冠華，「調整我國科技發展思路」，在二〇〇二年中國科協學術年會上的講話。

主，優點是可以較有彈性的應付不穩定的出口市場需求。從六十年代電子業外商生產基礎電子產品起，臺灣開始發展本土零件工廠。臺灣的資訊電子產業因此能夠全面的發展從上游的半導體、光電元件到下游的電腦系統及售後的技術服務，健全的產業結構是臺灣資訊電子產業的一大特色。」[41] 臺灣是全球電子資訊產業的重要生產基地。目前全世界每年出產一點二億台電腦，其中百分之七十的電腦主機板、百分之八十的電腦機箱產自臺灣。過去十多年來，臺灣已經成為僅次於美國和日本、世界排名第三的資訊技術硬體生產基地。

在政策方面，臺灣政府也是十分重視新經濟的發展。臺灣在規劃未來的經濟前景當中，已經把知識經濟列為最重要最關鍵的一個發展目標了。臺灣的行政院院會在二〇〇〇年八月三十日的時候通過了知識經濟的草案，提到了在十年之內要把臺灣發展成為一個先進的知識經濟的地區。

但臺灣的新經濟也有自身的問題。臺灣電子產品與總體經濟其他各部門的關聯程度仍相當低。資訊電子產品主要是用於出口，只有一少部分用於消費和資本形成。再者，臺灣面臨人材短缺的問題。另外，在政策方面，臺灣新政府儘管經濟口號不少，例如亞太運籌中心、綠色矽島、知識經濟、Taiwan Double 等等，但具體政策到底是什麼，至今還是模模糊糊。尤其是政府縮減高科技產業租稅優惠範圍與專案，導致島內科技產業向外轉移加快，出現第二波大陸投資熱。臺北市電腦商業同業公會二〇〇二年四月公佈一項針對資

---

[41]　詹維玲、胡勝正，「資訊電子產業與臺灣總體經濟」，「兩岸經濟發展研討會」，北京，二〇〇〇年九月一日。

訊電子產業所做的調查報告指出，赴大陸投資的廠商數目巨幅增長，二〇〇〇年底有百分之三十五的電子業赴大陸投資，二〇〇一年底已升至百分之五十二。[42]

　　比較兩岸的新經濟可以看出，臺灣在這方面目前確實還是比大陸優越。這可以從兩岸的競爭力排名看出來。世界經濟論壇以科技競爭力作為主要指標來測評競爭力。根據其《二〇〇〇年世界競爭力報告》，中國的國際競爭力排名列第四十一位，臺灣排在第十一位。不過，大陸的新經濟正在迎頭趕上臺灣的發展。臺灣前監察院長王作榮警告，臺灣政府總是以「高科技產業是我們的優勢」為藉口，以區別與大陸的競爭力，「這是小孩子說的話」，因為以大陸的科技基礎，十年內就會超越臺灣。臺灣網路業者甚至認為大陸在某些方面已超過臺灣，如賴品光二〇〇〇年八月在網上發表《大陸 Internet 商業發展已經超越臺灣！》一文。[43] 中國大陸成為臺灣資訊產業發展的對手。這是與大陸政府對新經濟的重視分不開的。而大陸對新經濟的重視其實是其跨越式經濟發展戰略的主要組成部分。

第六節　　大陸跨越式經濟發展戰略

　　大陸自實行改革開放以來，經濟取得了巨大發展，綜合實力有了很大提高。但是，從總體上看，大陸經濟發展水平還比較落後，主要是產業結構水平低，農業占相當比重，工業主要集中於低技術低附加值的中間產品生產，服務業發展

---

[42] 中國新聞社，二〇〇二年四月十六日。

[43] 參見 http://eching.haa.com.tw

不足特別是知識型服務業比重低，產業發展的整體技術水平低。企業核心競爭力弱。由於市場經濟還未建設完善，制度性的障礙仍廣泛存在。大陸的經濟還沒有從高消耗、低效益的粗放型發展階段走出去，特別是人均資源擁有量遠低於世界平均水平。

大陸認為，要從目前較低的經濟和技術發展水平出發，實現趕上中等發達國家的目標，亦步亦趨地沿襲發達國家工業化的老路是行不通的，必須依靠技術跨越。北京已調整過去堅持了幾十年的「全面趕超」的指導思想，放棄「完整的產業體系」目標，不追求在國民經濟的每一個產業實現趕超，轉而謀求整個國家經濟實力的趕超。

一九九六年江澤民在「八六三計劃」十周年工作會議說，發展高技術，要有所為，有所不為。大陸的經濟和科技實力還有限，追求所有的高、精、尖技術是不現實的，應該量力而行，突出重點。要緊密結合國家發展的目標，選擇一批有基礎有優勢，國力又可以保證，並能躍居世界前沿，一旦突破對國民經濟和社會發展有重大帶動作用的課題，統一部署，精心組織，重點攻克。

大陸認為，資訊技術是知識經濟時代不發達地區開發的突破口；數位化提供了新的市場空間，從某種意義上說它把不同的國家放到了相同的起跑線上。二〇〇〇年十月中共第十五屆中央委員會第五次全體會議的《中共中央關於制定國民經濟和社會發展第十個五年計劃的建議》認為，大力推進國民經濟和社會資訊化，是覆蓋現代化建設全局的戰略舉措。以資訊化帶動工業化，發揮後發優勢，實現社會生產力的跨越式發展。為此，大陸科技部設計了技術跨越戰略，即

在集成自主創新和國外先進技術的基礎上，跨越技術發展的某些階段，直接應用、開發最新技術和最新產品，進而形成優勢產業，達到在短期內迅速逼近甚至超過世界先進水平的目的。「十五」計劃已把軟體產業及網路技術、積體電路設計及製造、生物技術及新醫藥、清潔煤技術、電動汽車、軌道交通、電子商務與知識型服務業等領域，作為重點攻克的領域。

大陸的學者為大陸能夠實現跨越式發展提供了論證，認為大陸在一些領域能夠實現跨越式發展，主要有以下五個根據：1、有經濟全球化和新科技革命帶來的機遇，以資訊技術為先導的新科技革命的興起，使大陸有可能直接採用世界最新科技成果。2、有發展中國家的後發優勢，發達國家的主導產業由於多年經營，進行產業調整相對來說比較困難。而發展中國家，沒有或很少有這樣的包袱，可以在較高的起點上前進。3、有實現跨越發展必需的經濟與科技基礎，大陸在電子資訊、生物工程、航太航空、新材料、新能源、海洋、環保等領域突破了一大批關鍵技術。4、有在一些領域取得技術跨越的成功經驗，例如在資訊傳輸方面，大陸跨過了傳統的銅纜階段，直接採用光纜。5、有社會主義制度集中力量辦大事的優勢，如五十、六十年代成功地研製了「兩彈一星」。[44]

國際上的學者也有人對此加以認同，例如二〇〇〇年九月世界銀行前副行長、首席經濟學家約瑟夫・斯蒂格利茨在北京說，目前大陸正處於一個非常有利的位置來利用新技術和發展新經濟，大陸政府對新技術開發的熱情和對教育的重

---

[44] 李健，《理論前沿》，二〇〇〇年十四期，二〇〇〇年八月。

視是走向成功的一個因素。從大陸近年來經濟發展的勢頭看，大陸有可能實現跨越式發展。而跨越式發展如果真的實現，兩岸間的經濟水平差距將加快拉近。這一現象必將影響兩岸關係的未來發展。

第七節　兩岸經濟實力消長對兩岸關係發展之影響

從以上對兩岸經濟實力的對比可以看出，雖然臺灣在某些領域比較先進，但大陸的整體經濟規模則是臺灣無法比擬的。在大陸的經濟實力日益增強而臺灣卻可能逆退的情況下，兩岸經濟實力日益接近。甚至有臺灣學者擔心臺灣經濟正在被邊緣化。[45] 從經貿關係的發展趨勢上看，大陸對台商的吸引力將越來越大，這對臺灣島內經濟將造成重大影響。此消彼長的結果，增強了中國大陸對臺灣企業的吸引力。在大陸吸磁化作用和產業全球化洗牌效應下，臺灣的優勢正迅速流失。停建美濃水庫、廢核四、高科技人才不足，政策延續性斷裂，投資環境去優勢化，已分散臺灣投資的動力。在目前政經環境下企業因為生存不易而紛紛外移。臺灣接單、大陸出貨比率已超過百分之四十，技術密集產業對大陸投資比重已占製造業總體百分之五十四。在台外商也受到影響轉到大陸投資。為了留住投資，臺灣有人提出「國安捐」、大陸投資「配額制」等等。但臺灣工業總會監事會召集人張廣博認為，這些統統都是不可能落實的外行人「政治口號」。臺灣根本管不了臺灣廠商，臺灣對投資大陸台商的成敗不負任何責任，台商用自有資金進行投資，何來配額管制。

---

[45] 俞劍鴻，「臺灣正在被邊緣化」，《聯合早報》，二〇〇四年一月二日。

對臺北而言，是否要與大陸發展經貿聯繫成為一個兩難的問題。若加強發展兩岸經貿關係，臺北擔心本島經濟的空洞化，並會最終被大陸強大的經濟實力所吃掉。但若拒絕與大陸發展經貿關係，則又擔心喪失大陸的資源和市場，而導致臺灣經濟難以有新的發展。其實，這種兩難處境的深層原因應是臺北對於國家定位存在矛盾心理，這反映出臺灣目前的經濟問題從根本上來說是政治造成的。

反觀大陸致力改善投資環境，對台商拉力日增。大陸加入世貿後，對外商吸引力更大。大陸正以其龐大的勞動人口、龐大的市場等因素吸引世界的投資。隨著大陸收回香港、澳門，大陸的經貿實力更加強大。大趨勢而言，台商對大陸重要性日減，但大陸對臺灣的重要性會進一步提高，未來臺灣仰賴於大陸勢必多過大陸仰賴於臺灣。

大陸經濟實力的增強無疑增加了北京對付臺北的籌碼。臺灣本來可以以經濟實力為籌碼換取政治利益。然而，隨著大陸經濟的高速增長，臺灣這方面的籌碼已減少。一九八八年，陳立夫提議以一百億美元協助大陸的農村建設，當時大陸的外匯存底只有二十多億美元，此提案有可能使大陸動心，但現在大陸的外匯存底已有大幅提高（參見二表），臺灣若重提舊案，恐怕效果就大不如前。本來北京就不輕易拿政治原則來交換經濟利益，大陸經濟發展之後就更不會受臺灣的經濟誘惑。臺灣就有有識之士擔心，現在大陸還必須以武力威脅臺灣，而不用多長時間大陸就不必談對台用兵問題，只需以經貿報復手段就可讓臺灣屈服。相信大陸憑藉其日益強大的經濟實力，對臺灣的主權要求會越來越強，而不可能有所降低。

表二：兩岸外匯儲備比較（單位：十億美元）

	一九九三年	二〇〇〇年	二〇〇三年
大陸	22	158	403.3
臺灣	85	108	206.6

引自：中國人民銀行和臺灣中央銀行。

　　大陸對臺灣的吸引力已開始由經濟逐漸向民意的政治選擇方面擴散。根據《天下雜誌》公佈的「二〇〇一年國情調查」報告，在統獨問題上，急獨與緩獨者占百分之十七，比過去減少約五個百分點，急統與緩統者占百分之二十一點九，增加約十個百分點。另外，百分之二十五點九的人表示會考慮移民，移民目的地優先順序依次為美加、澳新及中國大陸。選擇大陸的比率達百分之八點七。如果在目前大陸經濟發展水平尚低的情況下大陸仍能對臺灣居民有如此吸引力，那麼將來大陸經濟水平日益接近臺灣經濟水平時，這種吸引力就有可能日益加大。本來臺灣島內的一些人擔心，如果臺灣與一個落後的大陸統一的話，臺灣會背上一個沈重的經濟包袱。現在看來這種擔心不僅是多餘的，而且臺灣今後的經濟發展將有賴於與大陸的經濟整合。儘管民進黨政府對兩岸的經濟整合存在矛盾心態，但兩岸的經濟整合卻在大陸的積極推動和經濟的自然規律下日漸深入。

　　大陸經濟實力的增強還有助於大陸在國際上發展邦交，反對台獨。鑒於大陸擁有巨大的勞力和市場資源，跨國公司紛紛進入中國大陸。隨著大陸對外經貿關係的發展和外資的持續投資，世界各國在中國大陸的利益也將持續加大。為了維護自身利益，絕大多數國家願意接受北京的一個中國

原則，至少它們不願看到台海的戰爭殃及他們的利益。從美國反對陳水扁任何形式的公投便可見一般。在目前的國際框架下臺灣不可能獨立。隨著中國的強大，大陸至少有能力維持這種國際框架，使台獨永遠無法在法理上獲得國際承認。

在軍事上，大陸經濟實力的增強有助於大陸發展軍力。與堅持增強綜合實力的基本國策相一致的是大陸也在積極增強軍事實力。大陸自一九八九年以來國防預算連年增加。隨著經濟每年持續的高成長，國防預算也跟著水漲船高，連續十五年成兩位元數位成長。其中，一九九四年增長率逾百分之二十。從一九九一年國防支出之三百三十億人民幣，到二○○三年預算的國防支出一千八百五十三億元，大陸的國防支出已增加了五倍多。

而在臺灣，由於經濟發展速度的減慢，賦稅收入年增長率從一九九二年百分之十九點七下滑到二○○一年的百分之六點七。至二○○三年，臺灣總負債達三點二兆新臺幣，債務餘額占 GDP 比重超過百分之三十。根據國民黨智庫財金組召集人韋端二○○三年七月的分析，臺灣地方尚有隱藏債務七點三兆元，臺灣的全部國債已將近十一兆。臺灣的財政困境使其難以支撐以往占了財政預算最大比重的軍備開支。在上世紀八十年代，軍費開支占財政總預算的百分之三十五以上。九十年代中期以來，臺灣軍費開支基本占臺灣財政總預算的百分之二十二。據臺灣二○○四年度中央政府總預算案，國防支出二千五百一十九億元新臺幣，較上年度增加九十五億元，成長百分之三點九，國防預算占總預算百分之十五點六。兩岸的軍備競賽將使臺灣財政不堪負荷，臺灣就算將政府預算全數投入，亦可能無法追上中國國防支出的

數位。長此以往，兩岸的軍力對比將向有利於大陸的方向發展。

　　從以上的分析可以看出，大陸經濟實力的增強已經對兩岸關係的諸多方面產生影響。從對兩岸經濟發展的預測對比中，我們可以得出時間是在大陸一邊的結論。當然，兩岸的問題十分複雜，大陸經濟實力相對於臺灣的增強並不能簡單的導致統一的水到渠成。

第四章　兩岸外交實力之比較

　　一國的外交實力體現在它與其他國家的關係上，而國與國之間的關係又是由國家利益所決定的。本章將首先分析總體國際局勢對兩岸外交實力的影響，然後討論兩岸與美國、日本、俄國、歐盟、東南亞、中南美洲、非洲等國家和地區的外交關係情況，之後討論大陸與臺灣在聯合國的爭奪，最後對兩岸的外交實力做一總體評論與預測。

第一節　總體國際局勢對兩岸外交實力的影響

　　目前的國際局勢對於兩岸都是既有有利因素又有不利因素。冷戰時期的結束和美蘇制衡系統的消失，使國際出現失序狀態，北京的影響力相形增大。中國大陸與蘇聯的和解使大陸軍隊可以從北方抽出身來應付臺灣問題，大陸和越南的和解又使其軍隊可以從中越邊境移往它處，中印關係的改善進一步減輕了中國應付陸路威脅的壓力。

　　當今世界的主題是經濟發展，全人類的注意力主要在經濟建設和提高生活水平。後冷戰時期的國際體系的一個特點是以市場為導向。世界上大多數國家都同時與中國大陸和臺灣保持緊密的經貿關係，它們都希望兩岸保持和平的狀態，這樣才可以保障它們在兩岸的經貿利益。國際社會因北京是安理會成員國，又有龐大的市場，所以不願因臺灣問題而與北京決裂。臺灣經過戰後五十多年的發展而擁有一定的經濟實力，世界各國出於自身的經濟利益，願與臺灣發展實質關

係，但中國大陸的市場吸引力則更大。現今，西方國家保持與北京的密切關係更多的是出於中國大陸潛在市場和其自己的經濟利益的考慮。西方國家普遍承認，臺灣是中國的一部分，臺灣問題是中國人之間的問題，也就是中國的內政問題，聯合國機構也仍拒絕同臺灣接觸。

另一方面，蘇聯的解體完全改變了世界均勢。以美國為首的西方國家已不需要以中國大陸來制約蘇聯，大陸作為戰略制衡的工具意義便相應喪失。反過來，一些西方國家開始以正在崛起的中國為假想敵，它們因害怕大陸的壯大而樂於支援臺灣，維持兩岸的分裂狀態是有些國家所期望的。西方害怕一個統一的中國會對它們構成威脅，因此總是設法離間大陸與臺灣的關係。國共內戰造成大陸與臺灣的分離，而列強自然願意使這種分離永久化，所以它們支援美國協防臺灣。因此，不論是對臺灣軍售或給予臺灣更大的國際空間都是符合它們的利益的。

西方國家也會因臺灣逐步邁向西方式民主而支援臺灣。西方國家讚賞那些跟隨西方所訂的民主自由標準的國家和地區。臺灣一直是國際上最堅定的反共分子，西方國家因此樂於支援臺灣。

不過，對於民主化所能帶來的外交優勢不應有過高的估計，至少有三點因素值得探討。首先，臺灣因民主化所獲得的支援是意識形態或道義上的支援，而在以經濟利益掛帥的現今國際關係中，道義的支援往往要讓位於經濟利益的考慮，這就是為什麼大多數西方國家在臺灣日益民主化之時卻與北京的關係搞得火熱。

其次，臺北外交的主要市場是在第三世界國家，而這些

國家不少是實行威權體制的，臺北主打民主牌還難以獲得大多數第三世界國家的認同。反倒是北京在這方面與第三世界國家比較接近。例如，一九九八年中國大陸副總理兼外交部長錢其琛在與阿爾及利亞外長阿塔夫舉行會談時表示，中國完全尊重、理解和支援阿政府為穩定國內局勢所採取的措施，主張國際社會應尊重阿政府和人民選擇適合本國國情的政治制度和發展道路，反對任何國家以任何藉口損害阿主權。阿塔夫表示，兩國在人權問題上的看法完全一致，今後兩國仍將在這一領域中相互支援。

再次，臺灣在戰後有四十多年也是實行威權體制，其民主化至今尚未完善。美國在戰後對臺灣的支援並不是因為臺灣實行了民主體制，而是因為臺灣被美國當成是「不沈的航空母艦」。特別是二○○四年陳水扁因槍擊案當選連任，使國際上一些人懷疑臺灣是否已完成了真正的民主。

國際形勢對臺灣內部政治也有影響。蘇聯的垮臺鼓勵了臺灣的台獨勢力。他們以蘇聯各加盟共和國的獨立、南斯拉夫的分裂和東帝汶的獨立等為例，認為自治和分離是當今世界的趨勢。實際上國際社會中除了有分離的力量也有統合的力量，由經濟整合起步的區域整合成為當代世界的趨勢。而且大陸一直強調中國的歷史和國情不同於他國，是決不允許發生蘇聯那樣的解體現象的。

所以在和平時期，當代國際關係格局基本上顯示北京的外交實力大於臺北的外交實力，因為它維持著北京所主張的一個中國的原則。如果兩岸發生戰爭，世界上又會有何反應呢？一旦北京武力攻台，國際上的反應將取決於是誰挑起的爭端。如果大陸動武是因為臺灣宣佈獨立，國際上多數國家

會依照大陸的說法不去干涉中國內政。但是如果局勢不明
朗，例如，臺灣民眾在全民公投的形勢下贊成實行住民自
決，在這種複雜的情況下，一些國家可能採取觀望的態度，
而美國和日本的干預態度將產生重要影響。

第二節　美國

在這一部分我們將通過回顧兩岸與美國關係互動的歷
史來看兩岸對美外交的相對實力。

一九七二年二月，尼克森訪問北京。中美雙方在上海發
表聯合公報。一九七八年十二月中旬，中美《建交公報》宣
佈：中華人民共和國和美利堅合眾國商定自一九七九年一月
一日起互相承認並建立外交關係。中美建交之後，美國國會
保守勢力促成了一個《與臺灣關係法》。但無論如何，中美
關係在戰略安全、經濟、文化等各個方面的合作揭開了新的
歷史篇章。[46]

雷根上臺之初，主張提高與臺灣的關係，並堅持向臺灣
出售更高一級的武器，包括卡特政府時期沒有出售的 FX 型
戰鬥機。但雷根已考慮改善與中國的關係。雷根任總統時的
美國國會外交關係委員會主席羅德，曾受命就跨世紀中國政
策擬訂方案，其要點是如何將中國納入國際主流社會，使北
京扮演積極角色，為國際主流秩序所規範。方案甚至建議，
可考慮讓中國進入七大工業國高峰會，讓中國承擔更大的權
利和義務。美國雷根政府的政策是，美國不介入兩岸的紛

---

[46] 蘇格，「前事不忘，後事之師——中美關係中的臺灣問題述評」，《兩岸
關係》一九九九年第七期－第八期連載。

爭，而應維持培養一個適宜兩岸擴大交流環境的政策，但兩岸問題仍是由兩岸自行解決。這一時期中美關係有了一定發展，例如，在臺灣與美國維持軍售的同時，大陸也與美國發展了軍事合作關係。雙方不僅保持軍方高級領導人的互訪，擴大兩軍交流的規模，而且在軍事技術合作方面取得進展。一九八三年，美國放寬對大陸技術出口的限制，把大陸從單獨一類的 P 組上升到與美國盟國和友好的非盟國同類的 V 組。一九八六年，大陸和美國簽署了合作改裝殲八戰鬥機的協定，價值五點五億美元。

　　美國的這種對華政策曾因一九八九年「六四」事件而中斷。天安門事件瓦解了美國在中國政策上的自由派勢力，造成所謂「明介入，暗圍堵」的曖昧階段。然而，隨著時間的推移，利益掛帥的思考模式再次復興。自一九九三年始，美國實行「全面接觸」（comprehensive engagement）政策。該年，柯林頓與江澤民藉參加亞太經合會的機會舉行會談。事後美國國務卿克裏斯多福承認，自該年九月起，美國政府已採取了加緊在外交上同北京接觸的政策，以推進安全、政治和經濟上的目標」。[47]

　　在中美關係的低潮時期，臺北把外交突破的重點放在美國。在那幾年，臺灣委託二十多個公關機構和顧問團體，為臺灣與白宮、國會、華爾街及各主要報刊進行接觸、幹旋。臺灣對美務實外交的高潮是李登輝訪美。為促成李登輝訪美，臺灣綜合研究院以三年出價四百五十萬美元聘請卡西迪

---

[47] 李福鍾，「臺北‧華盛頓‧北京三角關係細部解構」，《中央日報》，一九九七年九月二十八日。

公司為其遊說運作。臺灣國民黨黨營事業管理委員會主任委員劉泰英表示，為了使李登輝的「私人訪問」能夠成行，他曾斥鉅資通過美國卡西迪公關公司進行遊說，而且「臺灣還將與該公司續簽合同作為回報」。康奈爾大學新聞處主任透露，一九九四年，一個名叫「李登輝之友」的基金會曾向康奈爾大學捐贈二百五十萬美元；一九九五年，臺灣又向康奈爾大學捐贈二百萬美元。於是，康奈爾大學先後兩次邀請校友李登輝往訪。一九九五年美國眾議院以三百九十六比〇票通過支援李總統訪問康乃爾大學的議案，及其他有利於臺灣的議案，而且李果然也成行。

北京非常擔心美國對兩岸的政策有變，特別是為臺灣的務實外交開大門。於是北京開始對台武力威懾。北京在臺灣的近海進行了飛彈試射和登陸演習。配合武力威懾，北京還發起批李攻勢。北京的這些反應大大超出李登輝的預料。北京為什麼要如此反應呢？因為李訪美，北京認定李是在搞台獨，所以連續發表社論抨擊李登輝，輔之以軍事壓力，是所謂雙管齊下的「文攻武嚇」的策略。

雖然美國在台海危機中派出艦隊保護臺灣，但美國未對北京強力提出抗議，反而為了恢復因李訪美而造成的中美關係的退步，配合北京的需求，重申北京要求的一個中國的政策。進而，華盛頓與北京在台海的軍事對抗使華盛頓意識到問題的嚴重，而從此開始尋求與北京的合作。台海危機使美國認識到：美國必須在兩岸間採取主動，使臺灣問題被設定在一個不致逸出軌道的範圍內來處理，只有在臺灣問題被設定的前提下，美中關係始可能回歸正常。現實利益使雙方關係再次漸趨緩和回歸定位。在具體的外交策略上，美國國務

卿奧布賴特在《華盛頓郵報》上撰文表示，中美雙方藉著對話所獲得之進展，將大於片面孤立一個國家的唐吉訶德式的作法，因而她強調「鼓勵雙方合作的政策」。[48]

　　值得注意的是，就在這段期間，整個世界及亞洲形勢的發展，已走向有利於中國的方向。亞洲金融風暴的擴散，突顯了人民幣拒貶的安定作用，尤其是六月份的日圓連續貶值，更使得北京儼然成為世界經濟危機最後的防火牆，它的這種角色，不僅在亞歐高峰會上被稱讚，更為七大工業國財長會議所肯定。在亞洲金融風暴中，儘管受創嚴重，但中國始終堅守人民幣價位，並以數十億美元助東南亞紓困，阻擋著經濟危機向拉丁美洲、俄羅斯、東歐等地區蔓延。中國付出極大代價，擋住了競爭性貶值造成的更大衰退。柯林頓聲稱「應該讚許中國」。形勢的變化，使中國突然躍身進入國際政治的主流舞臺。柯林頓政府已能公開為自己的政策辯護。一九九七年十月二十六日至十一月三日，中國國家主席江澤民應柯林頓總統的邀請，對美國進行了國事訪問。江澤民的美國之行取得重要成果，即中美兩國共同致力於建立「建設性的戰略夥伴關係」。

　　一九九八年，柯林頓不顧議員抗議，堅稱他的大陸之行「絕對」要依原計劃進行。柯林頓在美國國家地理協會為其大陸政策辯護的演講中表示，大陸最近與臺灣重新對話，美國也因此看到台海緊張關係大為降低。七月，柯林頓結束對中國大陸的官方訪問，確立了華盛頓與北京之間的建設性戰

---

[48] 「華盛頓北京關係的微妙變化」，《亞洲周刊》，第三十一期，一九九七年八月十日。

略夥伴關係，使北京、臺北、華盛頓之間的三角關係向有利
於北京的方向傾斜。柯林頓的大陸行，最受矚目的是在上海
發表了美國對台的「三不」，公開不支持台獨是對台獨沈重
的打擊，而不支持臺灣以主權國家的名義參加國際組織則不
利於臺灣的務實外交。

北京讚賞柯林頓在過去幾年不顧國內壓力發展兩國關
係。這次訪問不僅是自「六四」以來美國總統的首次中國之
行，而且還是美國民主黨在任總統的首次中國之行。柯林頓
中國之行是他對外國的訪問中，在一個國家訪問時間最長的
一次，而且還不在第三國停留，這是柯林頓對兩國關係的重
視。柯林頓對中國大陸的官方訪問使美國與大陸的關係更加
密切。

中美高峰會後，美國參議院多數黨領袖羅特與多位重量
級議員提出第一○七號共同決議案，除了再度確認《與臺灣
關係法》中有關臺灣前途、安全、軍售等條款的內容外，也
要求柯林頓總統尋求北京公開宣示放棄對臺灣使用武力。參
院此舉無異是針對柯林頓所提出不支援臺灣加入需要以國
家為會員資格國際組織的反彈。

自一九九八年底始，華盛頓掀起一股指責大陸鎮壓人
權、涉嫌竊取美國飛彈與核武科技、非法政治獻金、對美不
平衡貿易等的浪潮。中國國務院總理朱鎔基一九九九年四月
訪美，但未達預期目標。北約誤炸大陸駐南斯拉夫大使館，
引起大陸內部強烈反彈，大陸與美國的關係陷入低潮。但北
京抓住使館被炸的時機調整外交政策，對美國採取高姿態，
向美國施加壓力，借機要求美國在多方面對北京讓步，扭轉
北京對美外交的被動局面。

　　與此同時，李登輝總統繼續重點做美國工作。早在二〇〇〇年美國總統大選前兩年，他就設立「奉天」、「當陽」兩秘密基金三十五億多新臺幣的帳外帳，並用基金的孳息和投資股票等方式獲利的約九億多元新臺幣設立「明德專案」，對小布希下重注，展開系列遊說活動，故布希執政後美台關係迅速升溫。二〇〇一年三月，布希批准了一筆鉅額對臺灣軍售並且大大提高了武器的質量水平。而且布希本人還公開揚言，一旦台海發生戰事，美國將「盡其所能」保衛臺灣。四月發生中美撞機事件。

　　「九一一」事件的發生使中美改善關係出現了契機。二〇〇二年二月美國布希總統首次對華工作訪問。中美領導人在會談中，共同正式確定兩國應該建立「建設性合作關係」。在臺灣問題上，布希重申美國奉行「一個中國政策」和遵守中美三個聯合公報，希望以和平方式解決臺灣問題。二〇〇三年十二月九日，布希總統在與訪美的溫家寶總理會面時，點名批評陳水扁，重申美國「反對片面改變兩岸現狀」。在美台關係法立法二十五周年之際，美國國務院、五角大樓以及在台協會臺北辦事處官員，均對陳水扁執意在二〇〇六年修憲制憲表達疑慮，同時指出美國的支援是有限度的，對台支援也不是任意由人填寫的空白支票。美國目前正致力於穩定伊拉克局勢以及打擊恐怖主義，需要中國協助緩和朝鮮核危機。布希已對他先前的政策作了調整，大體上重新回到歷屆美國政府一貫立場。

小結

　　從以上我們對兩岸與美國關係的回顧中可以看到，美國對大陸和臺灣的政策是以其國家利益為基礎的。二〇〇〇年七月美國國家利益委員會在其關於美國國家利益的報告中，對此講得非常清楚，「臺灣被中華人民共和國武力統一意味著美國領導作用的失敗，意味著盟國對華盛頓作為盟友可靠性的懷疑，從而損壞美國至關重要的雙邊聯盟體系。因此，和平解決必須成為美國的底線。」為了維護美國的利益，一方面，美國要利用臺灣牽制中國的崛起。美國的戰略目標是要維持其世界霸主地位。對於中國的和平崛起，美國抱有疑慮或敵意，這使中美之間出現了結構性的戰略矛盾。在可預見的未來，中國經濟增長速度可能仍將高於世界主要國家，這將使中美之間的戰略矛盾更為突顯。[49] 大陸與臺灣的統一不符合美國的利益，因為那樣中國會成為世界強國，挑戰美國的霸主地位。

　　但另一方面，美國出於其自身利益的考慮又不得不與中國合作。美國在中國大陸享有巨大的經濟利益，在大陸有大量投資，兩國貿易額龐大，大陸又有龐大市場，購買力也在加強，例如，中國大陸軍隊現代化的要求為美國的軍火工業開放了一個可觀的市場。美國經濟由於全球化，亟需與中國大陸建立穩定與互惠的關係，也就是說，一個繁榮的美國，更需要一個繁榮的中國來支援。不論是中美貿易關係的逐步正常化、深化或透過 WTO 進行之經貿合作，都顯示出美國

---

[49] 閻學通，「未來十年：中國安全嗎？」，《環球時報》，二〇〇〇年五月十二第三版。

重視在中國的商業利益。在諸如環境、人口和控制武器擴散等許多問題上，美國都需要大陸的合作。此外，美國還需要大陸為世界和地區的穩定出力。美國與大陸維持關係是亞洲地區穩定的一個重要因素。在南亞的印巴核爆問題上，美中有進一步合作的機會與基礎。朝鮮的核問題、中東關係的持續緊張，也使美國日益需要中國的協助與合作。所以，美國是不願因臺灣問題而破壞與大陸的關係的。美國認為台海的和平符合美國的利益，因此美國樂於看到兩岸關係的緩和；一旦台獨的傾向危害了台海和平，美國就會「出賣臺灣」，正如它在歷史上曾三次「出賣臺灣」那樣，即一九四八年在國共內戰時放棄國民黨，一九七一年支持中國大陸加入聯合國，一九七九年中美建交。美國說到底就是要維持臺灣海峽兩岸「不統不獨」、「不戰不和」的局面。美國與大陸維持良好關係使雙方能夠坦白地交換關於臺灣問題的意見。美國因此瞭解大陸對臺灣問題的敏感。從北京、臺北和華盛頓三角關係的變化中可以看出，臺北的對美務實外交沒有什麼實質進展，同時，中國大陸也不可能期待美國積極幫助中國實現統一。

第三節　日本

　　日本對兩岸的態度在很大程度上會受美國的影響，但由於日本的地理位置及其經濟利益，它不會完全聽從美國的指令。在阻止中國統一的問題上它們有共同利益。一個統一強大的中國對日本尤其不利，北京如能統一臺灣，就可以切斷日本與東南亞國家的聯繫和它的能源通道（臺灣海峽和麻六

甲海峽），就有了在戰略上包抄日本的條件。日本認為分裂的中國是其政經利益之保障；日本最近變更對台政策，與其成為超級強權的野心有關。臺灣與大陸統一將造成一個更強的中國；而臺灣和大陸繼續分離符合日益強大的日本的利益，也是對大陸的一個牽制。

中日台關係受眾多因素影響，一是大國外交，北京和東京都想樹立其大國地位，因而既有合作，又有矛盾；二是經貿關係，經濟利益是中日關係發展的基礎；三是歷史問題，日本要不要對中國的侵略正式認錯、道歉；四是日美安保條約，大陸要求日本明確表明不適用於臺灣海峽；五是釣魚島主權問題，這是未來中日衝突的定時炸彈。

我們將首先簡要回顧近年來的中日關係，然後逐一分析前述五項因素對中、日、台三邊關係的影響。

一、中日關係之回顧

基於歷史的和現實的因素，戰後的中日關係經歷了諸多風雨。一九七二年中日建交，日本與臺灣斷交、廢約，承認中華人民共和國政府是中國的唯一合法政府。《中日聯合聲明》指出：臺灣是中華人民共和國領土不可分割的一部分。日本政府充分理解和尊重中國政府的這一立場，堅持遵循波茨坦公告第八條的立場。一九七八年，兩國簽署《中日和平友好條約》，確認上述聯合聲明是兩國間和平友好關係的基礎，聯合聲明所表明的各項原則應予嚴格遵守，並且在條約的第一條和第三條中都特別強調了互不干涉內政的原則。

邦交正常化之後，中日關係也曾因歷史問題等出現過風波。由於近年來中日間對話渠道不夠暢通，相互信賴有所下

降，猜疑和擔心時有發生，阻礙了中日關係發展。此外，隨著時間的推移，往昔中日友誼的掘井人多已相繼辭世或退居二線。

日本在八十年代中期提出要從經濟大國走向政治大國，要在國際政治進程中顯示日本的存在。作為實現這個目標的一步，日本於一九九二年通過了「協助聯合國維持和平活動法案」，邁出了向海外派兵的第一步。一九九三年日本聯合政權的誕生在一定程度上弱化了政治大國的目標。細川任首相時，曾坦言日本過去進行的戰爭是「侵略戰爭」，是一場「錯誤的戰爭」。村山內閣時，以首相的名義發表講話，承認由於日本的侵略和殖民統治給許多亞洲國家帶來了損害和痛苦，對此表示深刻反省和由衷道歉。

一九九六年初，村山首相辭職，橋本就任首相，這標誌著自民黨、社民黨和先驅新黨的聯合政權已從形式到實質都變成了自民黨主導的政權。大選後，更進一步組成了自民黨的一黨政權。日本內政的這種變化，影響到日本外交政策。由於政權中牽制力量的消失，日本對外政策出現了明顯的右傾化思潮。其表現是，七月，日本首相在歷時十一年之後，首次公開參拜供奉有二戰甲級戰犯亡靈的靖國神社。七月和九月，日本右翼團體悍然兩次在釣魚島上非法設置設施。日本右翼勢力在歷史認識和釣魚島等問題上的錯誤舉動，傷害了中國人民的感情，兩國政治關係受到了很大損傷。

但是日本也認識到，在當今世界，離開對華外交就談不上日本的大國外交。面對這一現實，日本一九九七年在對華關係上做出了調整。八月，橋本首相發表了對華政策。他首先申明了在與中國關係問題上最重要的原則，即日本政府充

分理解尊重中華人民共和國政府關於臺灣是中華人民共和國領土不可分割的一部分、日本不支持臺灣獨立的原則立場。一九九七年九月橋本龍太郎訪問北京時強調，日本不支持「兩個中國」，也不支持「臺灣獨立」；日本認為，臺灣作為中國的一個地區，沒有資格進入聯合國，日本政府對此持明確的立場。橋本在訪華時說，村山內閣就歷史問題的正式談話，即是日本政府的正式立場。一九九七年秋，當一夥右翼分子企圖再登釣魚島時，日本政府做出了攔阻的姿態。這使中日關係恢復了發展的勢頭。

一九九七年十一月李鵬總理繼橋本首相訪華之後訪日。一九九八年四月大陸中央政治局常委、國家副主席胡錦濤對日本進行正式訪問，胡錦濤希望此次訪問能為江主席訪問的成功營造良好的氛圍。同年晚些時候，國家主席江澤民訪日，與日本首相小淵惠三在高峰會後發表了一份雙方建立《友好合作夥伴關係》的聯合宣言。宣言首先說明，為形成新的國際秩序，深化相互依存關係，有必要進行對話與合作；中日兩國也表示，和平發展是人類課題，在「國際社會準則」上，兩國將本著聯合國憲章來和平共存。雙方達成建立「友好合作夥伴關係」的共識。日本在這文書中，加入「反核武器擴散，一切核子試驗應該停止」，以此箝制大陸核武力威脅。更重要的是在「地域的和平安定」方面兩國強調要用和平手段解決紛爭。觀察宣言的內容，可以得知，日本對大陸的外交不僅慎重，而且在利益重點上不曾放棄。

在聯合宣言中，日本政府僅表示「痛感由於過去對中國的侵略給中國人民帶來重大災難和損害的責任」，因此「表示深刻反省」。宣言中出現了「侵略」一字，這是日方首次

在書面上承認，以往曾犯下侵華罪行。關於道歉部分，則由小淵惠三以口頭方式向江澤民表達。這樣的道歉形式，基本上未超出過去日本政府的用語。

　　此外在有關「臺灣問題」上，日方在聯合宣言中僅以「一不」因應，即「不支持臺灣獨立」。日方重申一九七二年中日聯合聲明的立場，表示「將繼續只同臺灣維持民間和地區性往來」。一九九八年，美國總統柯林頓訪華，表明對台「三不政策」。其後中方希望日方也能做同樣表態，但遭到親台的日本政要的阻撓。但無論如何，與以往北京與東京達成的文字文件相比較，此次的聯合宣言再次確認了日方在臺灣問題上的一貫立場。

二、大國外交

　　大國外交構成當代世界外交活動的一大特色。冷戰結束，兩極格局隨之瓦解，大國之間關係經歷著重大而又深刻的調整。美國是唯一的超級大國，綜合國力最強；歐盟隨著區域合作的增強而進一步壯大；蘇聯雖然解體，但俄羅斯仍不失為世界強國；作為亞洲經濟最發達的國家和全球經濟大國，日本的影響力不容忽視。中國、美國、俄羅斯、歐盟和日本已成為當代世界的重要力量。

　　大陸的大國外交，設定多重目標，一方面提升本身的地位與影響力；另一方面，則藉著提升其影響力的同時，進一步限制臺灣的外交。日本也把鞏固、改善、發展與其他世界大國的關係放到了外交工作的重點上。歸納起來，日本開展大國外交的目標可概括為：鞏固與美國的同盟關係；發展與中國的友好合作；改善與俄國之間因領土問題而發展相對滯

後的國家關係。

為此，日本必然把北京作為大國外交的物件。日本逐步修改和平憲法，增加軍費，更多地在國際事務中運用軍事力量，就是想在國際上真正成為一個大國。日本企圖由經濟大國升格為政治大國，進而成為聯合國安理會成員，需要北京的支援。正是由於北京和東京各有目的，所以雙方才互相搞起了大國外交，建立了「友好合作夥伴關係」。

然而，作為一個大國日本與大陸也有利益衝突，因為日本根本不願看到大陸以一個大國姿態出現在國際舞臺上。東京把北京作為爭奪亞洲地區領導權的潛在對手。日本認為，一個統一強大的中國對日本不利。

三、經濟利益

中國是世界上最大的發展中國家，日本是世界上經濟最發達的國家之一，兩國在重視經濟發展方面具有一致性。這也是各自國家利益之所在和首要課題。中日自一九七二年邦交正常化以來兩國的經濟關係長足進展。日本已躍居中國第一大貿易夥伴，中國則成為日本的第二大貿易夥伴，在對華投資上，日本也位居各國和地區的前列。日元貸款是中日經貿合作的重要內容。日本政府承諾的貸款約占國外向中國承諾政府貸款總額的百分之四十。中國國力近年已經大增，不再依賴日本的低息貸款，日本如今已不再是中國貸款的主要來源。

從日本國內來看，日本面對的主要國內經濟問題是：迅速上升的老齡人口將使日本成為發達國家中社會負擔最沈重的國家；日本各級政府的財政赤字不斷攀升。日本一項研

究顯示，從一九八五年起到二〇二五年，日本平均名義和實際 GDP 增長率呈下降趨勢。在這種情況下，日本更需要與大陸發展貿易。

日本與中國大陸和臺灣都有密切的經貿聯繫，日本同時是對大陸和臺灣的最大出口國。為了維護其經濟利益，日本會利用其經濟實力對北京和臺北施壓，或為了樹立其政治大國的地位，為兩岸調停。但隨著中國大陸經濟規模的日益龐大，以貿易立國的日本將會維持一九七二年以來承認中華人民共和國政府是中國的唯一合法政府的立場。從過去三十多年發展情況看，基於雙方的互補性與地緣關係，雙邊的貿易與經濟合作，仍有相當大的增長潛力，這種情況基本上使臺北失去了對日外交的空間。

四、歷史問題

大陸認為，正確認識和對待日本軍國主義侵略歷史是中日關係的政治基礎。一九七二年日本在《中日聯合聲明》中表示：日本方面痛感日本國過去由於戰爭給中國人民造成的重大損害的責任，表示深刻的反省。此後，日本領導人對這個問題的認識總體上逐漸有所進步，但同時日本一直存在一股為過去的侵略戰爭翻案的逆流。日本有一個旨在為所謂大東亞戰爭進行總結的出版物，洋洋數十萬言，所持歷史觀之反動，翻案氣焰之囂張，令人吃驚。他們一再拿歷史教科書做文章，美化侵略，篡改歷史，矢口否認南京大屠殺，矇騙世人；在談到日本侵華戰爭時，該出版物公然把九一八事變歪曲成日本的「防衛戰爭」，把「七七事變」說成是中國的「陰謀所致」，連日本在上（二十）世紀初向北洋政府提出

的旨在滅亡中國的「二十一條」，也被公然說成是日本在「鞏固既得利益」。概言之，它把日本對中國的侵略全盤否認，統統抹殺。

在歷史問題上，北京一貫主張「前事不忘，後事之師」，在此基礎上面向未來、開闢未來，發展兩國人民的世代友好。一九九七年九月江澤民在中南海會見橋本龍太郎時指出「以史為鑒，可以知興替；以銅為鏡，可以正衣冠。」那麼北京為什麼對歷史問題如此在意呢？

北京在意歷史問題除了明顯的歷史情結外，也是針對臺灣。中日戰爭已結束五十多年，如果沒有一個現實的臺灣問題存在，北京又何必斤斤計較日本對侵華戰爭認錯、道歉所使用的詞句？正因為有日本侵佔和殖民臺灣五十年的歷史，北京才更在意日本在歷史問題上的表態。一九九七年江澤民在中南海會見橋本龍太郎時指出，日本在臺灣問題上的舉動牽動中國人民的感情，希望日本尊重中方在臺灣問題上的立場，信守承諾，慎重行事。北京認為，如果沒有美國和日本的支援，臺灣宣佈獨立是不可能的。用歷史問題來不時敲打日本，也是北京警告東京不要插手臺灣問題的策略之一。

五、日美安保條約

一九九七年九月美國和日本兩國政府正式公佈了《美日防衛合作方針》修改方案。新方針的主要內容是具體規定了在三種情況下，日美實施軍事合作的內容和方法：「平時」、「日本受到攻擊時」和「日本周邊地區出現緊急事態時」。關鍵是第三種情況，這是日美修改防衛合作方針的主要著眼點，也是與舊方針相比最大的不同。按舊方針，只有日本受

到攻擊時，日本才可出動自衛隊，配合、支援美國的軍事行動；而按新方針，日本周邊地區出現緊急事態時，日本自衛隊也可行動，這樣就擴大了日本自衛隊的行動範圍。由此可見，所謂新《日美防衛合作方針》的要害是「周邊有事」。在亞洲各國的警惕和關注下，新方針對日本周邊地區這一概念沒有做出明確解釋，只是說，周邊不是一個地理概念，而是要著眼於事態的性質而決定。明眼人不難看出，「周邊」本身就是一個地理概念。日美為了某種需要故意加以含混，事實上為將來任意擴大防衛範圍留下了可能性和餘地。這個周邊地區到底有多大？包括哪些地方？日美有意回避了這個問題。對日美雙方來說，在這個問題上含混比明確好。這樣，周邊地區的大小就可任其「自由量裁」。既不開罪周邊各國，又可到時任意擴大。

　　一九九八年二月大陸中央軍委副主席、國防部長遲浩田在與日本防衛廳長官久間章生舉行會談時說，我們關注日美安全合作問題的重要原因就是涉台問題。關於日美安保條約，久間章生說，這是日美兩國之間的雙邊安排。他強調，這一安排決不針對第三國，也不干涉別國內政，今後也不超出這個雙邊安排的範疇。在談到臺灣問題時，他說，日本的基本立場已經體現在《中日聯合聲明》中，日方與臺灣只保持非正式的事務關係，過去如此，今後仍將如此。

　　話雖如此，但日本政府內經常有不同的聲音。一九九七年八月，日本外務次官柳井俊二在會見記者時說，「從一九六〇年以來日本政府的統一見解來看，臺灣包括在日美安保條約規定的遠東範圍內。」同時，日本外相池田行彥聲言，這是日本政府的一貫立場。一九九八年五月日本外務省北美

局局長高野紀元說，新《日美防衛合作方針》中所說的遠東地區包括臺灣，因此日本的「周邊事態」也包括臺灣在內。

對此，當時的外交部部長助理王毅奉命約見日本駐華大使谷野作太郎，向日方進行交涉。谷野奉橋本龍太郎首相之命代表日本政府向中方做出如下說明和解釋：1、日本領導人迄今就日美新防衛合作指標向中方做出的說明和解釋沒有任何變化。日美修訂防衛合作指標不針對包括中國在內的任何第三國。2、所謂「周邊事態」是指在日本周邊發生的可能對日本安全構成重大影響的事態，不是地理上的概念。3、日本政府將繼續嚴格按照日中聯合聲明和日中和平友好條約及日本領導人迄今在臺灣問題上做出的承諾處理臺灣問題。橋本也在日本國內說：「周邊事態」的概念不是設想的地區，迄今為止說的是著眼於事情性質的概念，我們自主地判斷。橋本意在重申「周邊事態」不是地理概念這一政府的見解沒有變化。

從近來的事態發展看，《日美防衛合作方針》已經對臺灣的安全產生影響。日本政府向國會提出的「自衛隊法」、「周邊事態法」等法律，都讓日本有在海外動武的可能。此外，日本拒絕擱置它與美國合作的戰區飛彈防禦計劃，此項計劃在防衛日本的同時也對防禦包括臺灣在內的琉球西南方地區，同樣有效。但另一方面，由於日美安保涵蓋臺灣，中國大陸因此對此表示極端不信任，日本在持曖昧態度的同時，也表示無法積極承擔臺灣，因此這種情形對臺灣不利，使臺灣受相當制約。

六、釣魚島主權

釣魚島的主權問題也影響著兩岸與東京的關係。十多年

前，日本青年社在島上設立燈塔。這些年，日人上島活動頻繁。一九九七年四月，日本沖繩縣石垣市議員仲間均和日本《產經新聞》記者曾登上釣魚島。五月，日本國會眾議院議員西村真悟與石垣市議員仲間均和兩名攝影師登上了釣魚島。他們上島後，在島上插日本國旗，舉行慰靈式。六月，又有三名日本右翼分子登上釣魚島北小島。一九九八年六月，港臺保釣人士所乘的釣魚臺號船在釣魚島附近海域被日艦船撞毀。

對於釣魚島主權問題，北京聲明，釣魚島及其附屬島嶼自古以來就是中國的固有領土，主張應在尊重事實的基礎上，在時機成熟時通過談判尋求解決釣魚島問題。臺灣也宣稱擁有該島主權，但以李登輝為首的一批親日派卻表示日本應擁有該島主權。釣魚島的主權問題雖被北京和東京擱置了起來，但它在未來將成為影響北京、臺北和東京之間關係的重要因素。

從海洋戰略角度省視釣魚島問題，可發現它攸關中國的未來。釣魚島位於臺灣東北一百二十海浬，介於琉球群島和大陸，其軍事價值將日益突出。控制釣魚島後，日本的防衛縱深就能從琉球向西推進三百多公里，並且能對大陸沿海地區和臺灣的軍事設施進行偵察。在戰略上，釣魚島可以為日本所用，作為日本再次侵略臺灣的橋樑和前進基地，反過來，也可以成為大陸保衛東海海域安全、遏制日本擴張勢力南下的前哨。如果釣魚島被日本永久佔領，在美日安保架構下迅速成長的日本軍力將據此向西擴張，在可預見的未來將構成中國的安全威脅。

在釣魚島主權問題上，北京與臺北倒是有合作的可能。

而只有兩岸進行軍事合作，才有可能與日本抗衡。就目前的軍力對比來看，樂觀的估計認為中國大陸的軍力與日本相當，而悲觀的估計認為中國大陸的軍力尚不及日本軍力。如果兩岸都認為釣魚島的主權歸中國，兩岸便有合作的可能。但如果兩岸堅持敵對，日本便會漁翁得利。這種情況是中、日、台三邊關係史上早已出現過的悲劇。

小結

北京與東京雙方建立「友好合作夥伴關係」。在經貿關係方面，中日之間具有廣泛的經貿互補，而經濟利益是任何國家間關係的基礎，這就使北京與東京之間的關係不可能有大的倒退，除非釣魚島問題尖銳化。而日美安保條約的防禦範圍仍模糊不清，臺北便會獲利。綜合大國外交，經貿關係，歷史問題，日美安保條約，釣魚島主權問題等各因素，可得到一種較平衡的結論，即北京與東京的關係基本已經定格，臺灣可以插手的空間不大。

第四節　俄國

蘇聯的垮臺使得俄國在政治制度和意識形態上與西方統一起來。蘇聯各加盟共和國的獨立和南斯拉夫的分裂，造成許多新國家的出現，這種情況鼓勵了臺灣向俄國和那些新國家開展務實外交。可是，出於地緣政治的原因，俄國和這些新國家保持與臺北的距離。例如，在大陸人大委員長喬石訪問烏克蘭時，烏克蘭領導人表示，烏始終不渝地堅持「一個中國」政策，烏將教育各級幹部對臺灣的「銀彈外交」保

持警惕。馬其頓於一九九九年與臺灣建交，但經過權衡利弊之後，又於二○○一年與臺灣斷交，並與中國大陸建交。

在歷經數十年的摩擦後，俄羅斯和北京間的關係在最近十幾年已有改善和巨大發展。葉爾欽總統於一九九二年九月簽署關於「俄羅斯與臺灣關係」的命令。命令指出：「俄羅斯的立場是：只有一個中國，臺灣是中國領土不可分割的一部分。俄羅斯不與臺灣建立官方聯繫。」葉爾欽總統強調，臺灣是中國領土不可分割的一部分，只有中國人民才有權解決這一問題，俄方的這一立場是不會改變的。

近年來，北京和莫斯科相互進行大國外交。一九九七年十一月葉爾欽訪問中國大陸時，和江澤民同意舉行一次非正式高峰會。江澤民赴俄羅斯進行「首次的非正式訪問」，與俄共商中俄戰略夥伴關係的發展藍圖。俄羅斯在江澤民到訪時表示包括不向臺灣出售武器的「四不」。

二○○○年俄羅斯總統普京訪華，與江澤民主席共同簽署了《北京宣言》和《反導聯合聲明》，建立了戰略協作夥伴關係。俄羅斯雖然不願與美國全面衝突，但卻願意協助其他國家與美國對抗。面對美國這一超級霸主，中俄具有共同的戰略利益。在反對分裂主義問題上，中俄理解和支援對方為維護國家統一、主權和領土完整所作的一切努力。兩國在車臣和臺灣問題上的相互支援，進一步增進了國家間的信任。

俄國在臺灣海峽沒有切身利益，一方面俄國與北京現在的關係良好，而臺灣歷來與俄國沒有什麼關係；另一方面，北京和莫斯科已經互相確認對方為自己的友好國家。兩國的經貿關係近幾年來也發展迅速。一九九三年雙邊貿易額為七十六億美元，二○○一年雙邊貿易突破百億美元大關。大陸

成為俄國的第二大對外貿易夥伴,俄國是大陸的第八大貿易夥伴。在俄國經濟一片混亂之際,兩國間的軍火交易增加了俄國的外匯,解救了俄國的燃眉之急,來自北京的訂單,有利於維持俄國軍工企業開工,減少失業人數,從而增加社會安定。

　　對於臺北的務實外交,俄國主要從自身的利益考慮,就是對臺灣有好感的俄國政治家也會作有利於大陸的選擇。例如,俄國自由民主黨領導人吉爾諾夫斯基表示,臺灣問題是臺灣與中國的內部問題,俄國不便干涉;如果中國的力量不那麼強大,而中國和俄國之間的國界不是那麼長,我將首先支援俄國與臺灣發展進一步關係。

第五節　歐盟

　　中國大陸與歐盟的前身歐洲經濟共同體很早就建立了關係。一九七五年五月八日,歐共體委員會副主席索姆斯訪華後,中國與歐共體建立了正式外交關係,建交文件承認中華人民共和國政府為中國的唯一合法政府,歐共體將不與臺灣保持任何官方關係或締結任何協定。

　　中歐關係因一九八九年天安門事件而惡化。歐盟各成員國首腦在一九八九年六月舉行的馬德里峰會上通過了《對華聲明》,決定凍結對華關係,並對中國採取包括暫停雙邊部長級及高層接觸,中斷共同體成員國與中國的軍事合作,實行對華武器禁售等六項制裁措施。

　　然而,自一九九五以來,歐盟對中國的重視程度不斷增加,雙邊關係不斷增強。究其原因主要是雙方具有共同的戰

略利益和日益增長的經貿利益。我們先來看雙方的戰略利
益。

　　一九九五年七月，歐洲委員會出臺了第一個對華戰略文
件──《中歐關係長期政策》（A Long Term Policy for China
Europe Relations），歐盟開始從戰略高度調整對華政策，並
確定了長期發展對華關係的基本框架。文件指出，「歐盟必
須發展起能夠與中國在世界及地區範圍內的經濟和政治影
響力相適應的長期關係」，將對華關係作為「歐盟對外關係，
包括對亞洲和全球關係的一塊基石」。

　　一九九八年三月，歐洲委員會通過了《與中國建立全面
的夥伴關係》（Building a Comprehensive Partnership with
China）的政策性文件，其核心內容是正視「中國的崛起及
其對地區和世界的影響」，並穩定同中國在外交和安全等方
面的全面合作，它主張將中歐關係提升到「與歐美、歐日和
歐俄同等重要的地位」。

　　二〇〇三年九月，歐盟委員會《歐中關係的共同利益與
挑戰──走向成熟的夥伴關係》此歐盟新文件，再次確認對
華戰略要實現的五大目標是：通過加強政治對話「使中國進
一步融入國際社會」，「支持中國向建立法制國家和尊重人權
的開放社會的轉變」，通過使其充分參與世界貿易體系加強
中國在世界經濟中的融合，更好地使用歐盟擁有的資源，擴
大歐盟在中國的視覺形象。

　　二〇〇三年十月，中國發表了首份《中國對歐盟政策文
件》，指出歐盟是世界上一支重要力量，它的誕生和發展是
二戰之後具有深遠影響的事件。二〇〇三年十月三十日，在
北京舉行了中歐領導人第六屆會議。胡錦濤會見了與會的歐

盟輪值主席國主席、義大利總理貝盧斯科尼以及歐盟委員會
主席普羅迪和歐盟外交政策高級代表索拉納。在這次峰會
上，胡錦濤對歐方代表表示，中國始終從戰略高度和長遠角
度看待和發展中歐關係，贊同歐方提出的發展中歐全面戰略
夥伴關係的建議。

二〇〇四年胡錦濤訪問法國時，希拉克重申法國政府奉
行一個中國政策的原則立場，強調法方將致力於不斷推進法
中全面戰略夥伴關係。二〇〇四年五月應歐盟委員會主席普
羅迪的邀請，溫家寶對歐盟總部進行了正式訪問。中歐高層
互訪密集，表明中歐夥伴關係發展迅速。《中歐聯合新聞公
報》宣佈歐盟繼續堅持一個中國政策，希望兩岸通過建設性
對話和平解決臺灣問題。

中、歐能夠建立全面戰略夥伴關係，原因在於中歐之間
不存在根本的利害衝突，互不構成威脅。相反，雙方在平衡
國際力量和制約單邊主義方面有很大的合作餘地。雙方在推
動建立公正合理的國際政治經濟新秩序和維護世界和平穩
定方面，有不少共同語言，也有許多共同利益。中國加入世
界貿易組織以及中國在伊拉克、朝鮮等熱點問題上發揮了獨
特的影響力，與歐盟有不少交集、默契和合作。正如中國國
際問題研究所蘇惠民指出的那樣，在「後九‧一一」時代，
美歐之間儘管在反恐問題上出現過「親密合作」，卻在中東
以及攻打伊拉克等問題上產生嚴重分歧。此外，歐盟對美國
有關氣候保護、消除大規模貧困、建立公平的貿易機制、反
對恐怖主義和防止武器擴散、建立國際刑事法庭等方面的政
策也是不滿的。而中國則是這一切運動的積極參與者，中國
旗幟鮮明地強調聯合國和國際法的重要性。在中國一貫大力

倡導的「多邊主義」當中，歐盟是重要的一極。

　　另一方面，中歐之間的經貿關係也日益緊密。中國經濟的迅速發展成為推動中歐經貿合作的動力，也成為歐盟重視對華關係的重要原因之一。歐洲各國都期望在中國大市場搶佔更多的份額。二○○一年中歐貿易達到一千零五十億歐元，中歐經濟結構上的差異帶來了更多的互補性。由於貿易額的迅速增長，中國與歐盟已互為對方第三大貿易夥伴。歐盟還是中國第四大外商直接投資來源，和第一大技術引進來源地。[50] 中歐不但在工業製造、服務和市場開發方面，而且在高科技領域都有廣闊的合作前景。雖然武器和高技術輸出禁令沒有解除，歐盟與中國的技術合作卻從未停止。二○○三年九月，中國宣佈將參與歐洲衛星定位系統──伽利略計劃的建設，加上中法兩國合作的「雙星」計劃，十一月歐洲宇航防務集團與中國哈飛航空工業公司簽署 EC─120 輕型單引擎直升機生產線的轉讓協定，這些都預示著歐盟捅破「禁令」這道窗戶紙只是個時間問題。

　　在考察了中歐關係後，現在我們來看臺灣與歐盟的關係。臺北對歐洲的務實外交主要是從經貿入手。特別是臺灣願意花大價錢從歐洲國家訂購軍火。一九九三年，臺灣花高出一倍的價錢從法國進口六十架幻象戰機，北京對此做出強烈反應。在北京的壓力下，歐洲一些國家不得不限制與臺灣的關係。一九九七年六月法國外交部發言人魯梅爾哈特否認了關於法國新政府有意向臺灣再售六十架戰鬥機的傳聞。魯梅爾哈特說，「法國將嚴格遵循一九九四年的法中公報」。在

---

[50] 馮仲平，「中歐峰會將中國與歐盟關係推向新階段」，中國網，二○○三年十月三十一日。

這項公報中，法國保證不再向臺灣出售武器。法國總統希拉克一九九七年五月份訪華時重申了法國不再向臺灣出售武器的保證。所以，近兩年來臺灣對歐洲的外交不僅沒有進步，反而有所後退。

在貿易方面，臺灣與歐盟在二〇〇二年的貿易額達到二百八十九億美元，比一九八一年增長七倍。臺灣地區在二〇〇二年之前，一直是歐盟在亞洲的第三大貿易夥伴。已有十二個歐盟會員國在臺灣設有經貿代表團。經過臺灣十二年的努力，歐盟執委會終於在二〇〇三年三月宣佈設立「歐盟駐台經濟暨貿易辦事處」，七月歐盟在臺灣的辦事處開幕。

除了從經貿方面入手外，臺灣也利用其民主發展的經驗，配合歐盟推展人權外交的理念，來發展與歐盟的實質關係。正如臺灣在美國所做的那樣，在歐洲各國它也是從議會入手。例如，荷蘭國會在二〇〇三年十二月通過決議，要求荷蘭政府敦促歐盟放寬對臺灣政府高層訪問的限制，及應向歐盟各國表示反對解除對中共的武器禁運政策。在歐盟的層次上，歐洲議會一直以來與中國的關係不是很好，在臺灣、西藏、人權、法輪功等問題上，常常批評中國。歐盟強調台海兩岸問題的解決，應尋求雙方都能接受的條件，並尊重臺灣人民的意願，採取和平方式解決。歐洲議會曾不顧中方的一再交涉，以緊急議案方式通過了「關於臺灣在國際組織中的作用」的決議案。二〇〇三年一月歐盟對外關係執委彭定康肯定臺灣的民主發展。歐洲議會二〇〇三年九月通過《對亞洲戰略報告》，報告把臺灣稱為「國家」，並以與亞洲開展多邊合作為名，支援臺灣加入「世界衛生組織」並與亞歐會議發生「關聯」。不過歐洲議會在歐盟內部並不享有真正的

立法權或表決權，其對歐盟各國政府也沒有監督權。總的來說，歐盟能夠在台海施展的實際政治影響力有限。

第六節　東南亞

亞洲國家從本身利益出發不願看到改變台海現狀，但也不願捲入北京與臺北的爭端。它們希望北京成為一個和平友好的地區大國，而不是一地區霸權。亞洲一些國家與中國大陸有領土爭端，故部份國家擔憂中國威脅，而臺灣實行南向政策，試圖拉近與東南亞國家的關係。

東南亞金融風暴曾使得臺灣有機會發揮作用。當時的臺灣經濟部長王志剛表示，臺灣是亞太地區的一員，有責任也有必要協助東南亞地區解決當地所面臨的經濟問題，而新睦鄰政策與南向政策可以說是相輔相成、相互為用、利己利他的雙贏政策。王志剛也指出，經濟部在新睦鄰政策中可以發揮的，就是由經濟部國際貿易局的推廣貿易基金中，提供新臺幣六千萬元給中國輸出入銀行，作為輸出保險之用，以及推動創業青年培育計劃，協助東南亞國家培養青年企業家，協助舉辦東協各國產品展。

但北京認為，臺灣所有援助計劃都是有政治目的的，因此大陸反對臺灣的「國際作為」。一九九八年一月北京外交部發言人沈國放說，臺灣政要頻繁到部分東南亞國家活動，是利用這些國家因金融危機而出現的暫時困難，在本地區開展「務實外交」，以達到特定的政治目的；臺灣要重啟「南向政策」，明確要求東南亞國家對臺灣的金融援助、金融合作予以「政治回報」，明顯是一種有計劃、有預謀的政治活

動，目的在於提升與東南亞國家的所謂「實質關係」，進而破壞北京與有關國家之間的友好合作關係。

陳水扁執政後，重提李登輝時代的「南向政策」。最近，臺灣再次提醒台商不要去中國大陸，而應去東南亞、印度等地投資。臺灣希望以投資的形式在東南亞打開外交缺口。然而，臺灣的努力並不順利。呂秀蓮試圖在菲律賓搞度假外交，結果在北京的壓力下無法見到想見的人。二〇〇四年三月臺灣在孟加拉國新設立的可以行使外交簽證職能的所謂「民間貿易機構」開辦沒幾天便在大陸的交涉下被迫撤銷。臺灣的唯一斬獲是在二〇〇四年初，以現金資助總統候選人及每年八百萬美元的援助爭取到有八萬人口的吉里巴斯的邦交。

第七節　中南美洲

兩岸外交戰的另一個重要戰場是在中南美洲。目前全世界有二十六個國家承認臺灣是一個獨立國，而這些國家將近一半位處加勒比海區和中美洲。一九九七年五月，臺灣失去巴哈馬群島。巴哈馬倒向北京，除了香港「和記黃埔」在此斥資一億餘美元開闢貨櫃港之外，更重要的是昔日在巴拿馬註冊的中國及香港貨櫃輪已依序轉往巴哈馬註冊。北京還爭取到聖露西亞，中國駐聯合國大使秦華孫訪問聖露西亞，贈送百萬美元替高中生買教科書。九月李登輝到中南美洲四個重要邦交國訪問，出席巴拿馬運河世界會議及中美洲七國高峰會兩項國際會議，在參加中美洲七國高峰會時，李與中美洲邦交國元首進行雙邊及多邊會談，達成中華民國加入「中

美洲統合體」的共識，臺灣分別與中美洲五國簽訂經濟合作協定，成立合作發展基金，總金額為三億美元，由臺灣提撥八成的合作發展基金。

近年來，北京在中南美的活動日增，它和中南美的貿易量也開始快速成長。一九九八年一月，北京宣佈在海地、巴拿馬、多明尼加設立貿易辦事處，開始了準外交關係的活動。北京發揮其日益龐大的經貿及外交影響力，使中美洲各國在一九九八年臺北發起例行的重返聯合國運動時，除尼加拉瓜外，包括巴拿馬在內的其他中美洲國家，都拒絕聯署。

北京與巴拿馬的經貿關係也逐步加強。中國大陸近年來由於經濟活動增強，已成巴拿馬運河的第三大使用者，排名僅次於日美。它在巴拿馬的投資也漸多。香港中資和記黃埔公司，也控制了巴拿馬太平洋濱的巴波亞港，及大西洋濱的克裏斯托巴港。

巴拿馬試圖同時與北京、臺灣保持良好關係。巴拿馬政壇出現支援巴拿馬與中國建交的聲浪。「巴拿馬中國友好協會」二〇〇四年五月在巴拿馬城舉行新會員入會儀式，巴拿馬前三任總統羅約、伊柳埃卡、羅德裏格斯，前三任外長奧爾特加、卡姆、奧索雷斯，以及多名巴拿馬立法議會現任議員和當選議員，都出席儀式。巴拿馬面臨擴建巴拿馬運河缺乏資金的問題，巴拿馬政府可能轉向中國求援，面臨邦交危機，陳水扁二〇〇四年八月出訪巴拿馬，鞏固邦交。

一九九七年十二月江澤民訪問墨西哥，達到了預期目的，取得了成功。一九九八年，繼北京副總參謀長隗福臨在七月初前往蘇利南、委內瑞拉、厄瓜多和哥倫比亞四國訪問後，錢其琛於七月十八日起前往巴貝多、圭亞那、千里達及

托巴哥、古巴、牙買加五國訪問。這是他首次訪問加勒比海地區英語系國家。錢其琛甫結束加勒比海五國訪問，北京對外貿易經濟合作部副部長張祥為首的貿易代表團二十九日抵達烏拉圭，代表團之後訪問了巴拿馬、墨西哥和厄瓜多爾。

錢其琛一九九八年七月結束對五國的訪問。他在結束行程的記者會上表示，對五國政府反對臺灣重返聯合國，堅持「一個中國」的立場，表示高度讚賞。他指出，加勒比海地區還有「少數國家」與北京沒有外交關係。他認為，實現雙邊關係正常化的唯一障礙是臺灣問題。他表示，北京願在和平共處五項原則的基礎上，與這些國家「建立和發展正常的國家關係」。錢其琛強調，儘管北京和加勒比海國家在人口、面積、國情、社會制度和意識形態方面有較大的差異，但北京與這些國家之間仍有著廣泛的共同利益，沒有根本的衝突，特別是雙方經濟互補性較強，經貿合作前景廣闊。北京與五國分別簽署了鼓勵和相互保護投資、互免簽證、經濟技術合作等協定或換文。

北京除派黨政軍要員訪問該地區各國外，還對臺灣的邦交國搞「雜技外交」。錢其琛才結束加勒比海五國訪問，北京青少年雜技團便繞道倫敦取得簽證，訪問了牙買加、安提瓜、巴哈馬、特立尼達和多巴哥及格瑞那達，在結束格瑞那達訪問後，在巴拿馬演出，巴國內政部長及公共工程部長都到場觀賞演出。在訪巴拿馬之後還赴圭亞那、法屬圭亞那和巴貝多等加勒比海國家訪問演出。

面對北京的攻勢，臺北全力維護在中美洲的邦交國。一九九八年七月，臺灣舉行「第七屆中華民國與中美洲國家合作混合委員會外長會議」，會中對於臺灣加入中美洲永續發展

聯盟、設立中美洲經貿合作發展基金等議題獲致具體共識。

同時，臺北還舉行了第二屆中華民國與東加勒比海四友邦外長會議。一九九八年七月簽署聯合公報及中華民國政府捐贈東加勒比海四友邦醫療設備備忘錄；臺灣同意分別提供各國十萬美元的醫療器材，每年十萬美元獎學金，贈送每一友邦個人電腦二十部，此外，臺灣派遣專家前往其邦交國，提供中小企業發展經驗，並在農業交流、職業訓練等方面予以協助。

二〇〇〇年陳水扁執政後，出訪中美及非洲六國，每到一國都給與大量經濟援助，媒體披露其總額高達二點五億美元。二〇〇四年陳水扁連任總統後又到中美洲鞏固邦交，但臺灣在中美洲的邦交已露破綻。中國和多米尼克自二〇〇四年三月二十三日起建立大使級外交關係，這有可能造成多米諾骨牌效應。

總的說來，臺北尚能維持在中南美洲的邦交國，但同時也付出了巨大的金錢代價。在北京憑藉大國外交，在聯合國的特殊地位，以及日益增強的經貿影響加緊在中南美洲發展的情況下，臺北不得不投入愈來愈大的心力和物力維持邦交。

第八節　非洲

兩岸在非洲的外交戰也打得火熱。一九九七年一月，臺灣章孝嚴外長與北京外長錢其琛同時訪問非洲。李登輝在巴拉圭訪問時表示，要積極擴展外交空間，重點放在非洲的布吉納法索和塞內加爾。一九九八年四月北京與幾內亞比紹建交。一九九八年六月外長唐家璇先後對幾內亞、科特迪瓦（象

牙海岸)、迦納、多哥和貝寧五個非洲國家進行正式訪問。
唐家璇表示,北京願和非洲國家建立長期穩定、全面合作、
平等互惠的親密夥伴關係。

近年臺灣遭受的最大的外交挫折是南非斷絕與臺灣的
外交關係,因為南非是非洲的大國,是南部非洲發展共同體
主席國,是聯合國貿易和發展會議主席國,一九九八年是不
結盟運動主席。錢其琛於一九九七年十一月二十八日至南非
進行為期五天的訪問,和南非外長恩佐簽署建交公報;兩國
從一九九八年元旦起建立大使級外交關係。南非在宣佈和北
京建交時確認了「一個中國」原則。曼德拉說「中華人民共
和國的政策是全世界只有一個中國,這點我們接受。因此,
如果我們還和臺灣有外交關係是難以想像的事。」錢其琛在
記者招待會上指出,關於臺灣和南非關係問題,中國與南非
方面已經達成了很好的諒解。錢其琛說:「我與曼德拉總統
談得很好。南非方面保證,與中國建交將不與臺灣發生任何
形式的官方關係。」

一九九八年,臺灣在非洲外交上連失南非、尼日與幾內
亞比索三城。可見,臺北在非洲的境遇不佳。二○○○年十
月,「中非合作論壇」在北京召開。臺灣的友邦馬拉維派遣經
濟部副部長參加這場會談,顯示臺灣在非洲的邦交也不穩固。

第九節　聯合國

自一九九三年以來,臺灣要重返聯合國。臺灣發起「讓
臺灣幫助聯合國」的活動,讓臺灣民眾捐錢來「舒緩」聯合
國的財務危機。在五十一屆聯大開幕時臺灣民間人士趕赴紐

約舉行文藝演出和遊行等活動，為重返聯合國造勢。臺灣要求美國兌現過去做出的，協助讓其聲音在聯合國被聽見的承諾。臺灣每年都會要求邦交國在聯合國大會提出將臺灣入會編入議程，促請聯大審視中華民國在臺灣被排除在聯合國外的特殊情況，要求聯大撤銷二七五八號決議案有關排除中華民國席次部分內容的提案。北京因是常任理事國，為總務委員會當然成員，北京常駐聯合國代表歷來都動員在總務委員會全面封殺該種提案。

　　北京認為，臺灣已經以「中國臺北」的名義參加亞洲開發銀行、亞太經合會議等經濟性國際組織，臺灣對外的經濟、文化、貿易、科技、體育等方面的交流以及民間的旅遊觀光等各項往來空間是相當充裕的。在這種情況下，臺灣還要花費大量的錢財去搞務實外交，是「醉翁之意不在酒」，是另有圖謀的。北京認為，臺灣要拓展的不是業已存在的廣闊的經濟、文化活動空間，而是「政治」與「外交活動空間」，是要分裂祖國的空間。北京認為，臺灣的兩大政黨都很清楚「重入聯合國」的可能性極低，但始終樂此不疲，因它們都理解將中國大陸視為廉價箭靶的好處，可藉此在臺灣內部收割政治利益。北京指責臺灣這種明知其不可為而為之的「重返」活動就是執意搞分裂。

　　北京為了阻止臺北進入聯合國，運用在聯合國的地位對臺灣的友邦進行報復。一九九七年一月，北京在聯合國大會動用否決權，險些使瓜地馬拉在三十年內戰結束時，維持和平部隊無法進駐，以報復瓜地馬拉支援臺灣重返聯合國及邀請臺灣派代表參加其「和平協定」的簽字儀式。由於北京的工作，附和支持臺灣進入聯合國提案的國家由一九九五年的

二十一國,一九九六年的十六國,降至一九九七至二〇〇〇
年的十四國。

第十節　兩岸的外交實力總評

　　一九九五年農曆除夕,江澤民提出對兩岸關係發展的八
點看法和主張。江八條的第二條提出,「對於臺灣同外國發
展民間的文化關係,我們不持異議;但反對臺灣以搞『兩個
中國』、『一中一台』為目的的所謂『擴大國際生存空間』的
活動。」這顯示北京十分注意臺灣外交的動向。

　　目前世界上有一百六十五個國家與北京建立了外交關
係,亞洲沒有一個國家同臺灣有正式外交關係,整個歐洲除
梵蒂岡外,也沒有國家與臺灣保持外交關係。北京以往在面
對臺灣的外交問題時,認為可以讓臺灣維持在二十多個邦交
國數量,但在一九九六年八月的北戴河會議後,已決定全面
封殺臺灣外交空間,在國際舞臺上不給臺北立足之地。

　　從我們對臺北外交的實際狀況的分析中可以看出,其成
績乏善可陳。雖然偶爾會有改善,如臺北駐美代表處層級的
提升,在美國國會累積了不少支援臺灣的政治力量,日本對
台簽證措施的改良等,但從正規外交的角度考察,務實外交
沒有給臺灣的國際地位帶來什麼改善,臺灣至今沒有一個重
要的邦交國家。

　　臺灣的策略是希望在國際上實行實質外交,爭取重返國
際社會,以使臺灣成為獨立政治實體,得到合法性的法律地
位。務實外交就是為臺灣獨立創造條件,但它會帶來極大的
負作用。從臺灣的利益出發,臺灣政府應當比較,是維持兩

岸關係重要，還是開創外交關係重要。以李登輝訪美為頂峰的務實外交刺激北京做出一連串的反應。北京先是暫停兩會的事務性談判，然後又部署在東海的飛彈演習。北京在李訪美後，加緊對世界各國施加壓力。反觀李總統的訪美成果，除了象徵性的成功外沒有什麼實質收穫，卻使臺灣喪失了原先所尋求的一些可能性，這些可能性包括「臺灣問題國際化」的願望，以及臺灣企圖將前途寄望於美國與北京衝突、決裂的想法等。由此可見，務實外交不能確立臺灣的國際地位，也無助於兩岸關係的穩定發展，以目前這種投入大量人力物力而維持幾個小國的做法似乎得不償失。

　　二〇〇二年二月臺灣內閣宣稱要從事實力外交。臺灣外交部長簡又新表示，將以實力外交原則，根據對方政府能力建立建交的優先順序，以便「以最少成本獲得最大收益」。然而從實際結果看，臺灣的外交實力正在減弱。臺灣的外交實力主要來源於被美日等國利用來牽制中國大陸的棋子作用，隨著中國大陸的經濟持續增長和國際地位的不斷加強，中國大陸的外交實力相對於臺灣來講將佔有較大優勢。

第五章　比較兩岸軍事實力

　　儘管台海兩岸已停火二十多年，雙方仍都在備戰，畢竟在統一未實現前，誰也不敢在軍事上掉以輕心。從現實主義的觀點看，兩岸加強戰備一點也不足為奇。大陸和臺灣心裏都很清楚，一旦兩岸攤牌或走上談判桌，雙方的軍事實力是各自的基礎。在無法以和平手段實現統一的情形下，軍事力量將成為解決主權爭端的最後仲裁者。當然，要實際動武，大陸還得考慮其他方面因素。備戰不等於要實際動用武力，當雙方瞭解對方的軍事實力時，基本上不用開戰也可以知道戰爭的結果。這也就是我們這裏所要做的事情。

　　軍事實力是綜合國力的重要組成部分。由於當代技術水平的提高，武器裝備對戰爭勝負所起的作用增大。戰機、軍艦、戰車、飛彈、資訊化作戰系統等在現代戰爭中得到大量運用。而高科技含量的軍隊需要較高的國防預算來支撐。下面我們將從軍事預算、空軍、海軍、陸軍、飛彈、資訊化作戰、核武器等方面分別考察兩岸的軍事實力。

第一節　軍事預算

　　中共沒有按國際慣例編印的國防白皮書，所以中共在國防預算、外購和研製新武器方面缺乏透明度，故我們只能做一大概的分析。在改革開放的初期，大陸盡力減少軍隊的數目及軍費，比如在一九八〇年，大陸的軍費約占總預算百分之十六，但在一九八八年，國防預算已減至百分之八點二。

一九八〇至一九八九年大陸國防預算平均每年增長百分之四點六，但大陸自一九八九年以來國防預算連年增加，一九九三年增長百分之十三點九，一九九四年成長率逾百分之二十，一九九七年大陸國防預算八百〇五億元人民幣，較上年增長了百分之十四點七。從一九九一年國防支出之三百三十億人民幣，到二〇〇〇年為一千二百〇五億人民幣，十年來大陸國防支出增加將近四倍。二〇〇二年，大陸國防預算較上年又增加二百五十二億人民幣，成為一千四百一十億人民幣，增加幅度為百分之十七點七。但從國防費占國內生產總值的比例來看，中國二十年維持低水平國防支出。從一九七九年到一九九七年，中國國防費占國內生產總值的比例從百分之五點六下降到百分之一點〇九，遠低於世界各國平均百分之三的水平，但如果加上隱性的預算，大陸的國防預算總數則大得多。

不過，武力攻台不是大陸增加國防預算的唯一原因，因為大陸的軍備也有可能是針對其他地區或國家的，它也可能是針對南海爭端或日本的。此外，九十年代以來大陸增加軍費也是因為受到第一次海灣戰爭的啟發。大陸在美國向伊拉克發動攻擊之前曾預測，伊軍可以抵抗美軍三個月到半年，並給美軍以重創，但戰爭結果出乎預料。美軍依靠先進的電子科技迅速擊潰伊軍，自己的傷亡極小。海灣戰爭使大陸認識到自己國防科技水平的低下，於是大陸決心投資更新技術裝備。

臺灣的國防預算是很高的。在蔣中正時代，國防預算還曾經占政府預算的一半以上。臺灣一九九二年度的國防預算達新臺幣二千四百九十五億元，占歲出總額的百分之二十五

點二，這個數目比大陸多出百分之十一點六。近幾年來，臺灣國防預算占總預算比例略有下降，但絕對值仍較大。一九九五年臺灣國防預算為二千五百六十億元，占總預算比例約百分之二十二。二〇〇四年國防預算高達二千六百五十億新臺幣，比二〇〇三年度增加七十八億元。美國認為，臺灣的國防預算占 GDP 的百分之二點五。國防大學軍事學院講座教授廖宏祥則認為，如果加上退輔會及採購新式武器的特別預算，臺灣二〇〇二年仍然將政府預算的百分之三十八（也就是 GDP 的百分之六）耗費在國防事務方面。[51] 二〇〇三年三月民進黨政策委員會「臺灣兵力規模研究報告」認為，臺灣現有的國防預算規模仍無法滿足未來十年臺灣將近九千億元的軍購需求。

比較而言，無論是在國防預算占總預算的比例方面，還是在國防預算占 GDP 的比例方面，大陸都低於臺灣，但大陸國防預算的絕對值遠遠高於臺灣。這是可以理解的，因為大陸所需防衛的面積遠遠大於臺灣。儘管如此，如果大陸決定武力解決臺灣問題的話，便可以將國防預算的絕大部分用於針對臺灣的軍備。如果中國經濟持續成長，國防預算又平均以每年超過百分之十持續增長的話，大陸的國防預算的絕對值將持續遠遠超出臺灣，並且這一距離將持續擴大。相對而言，臺灣就算將政府預算全數投入，亦極可能無法追上中國大陸國防支出的數位。因此，只要大陸經濟能夠維持高增長，臺灣若要與大陸進行軍備競賽的話，並沒有充實的財力做基礎。

51　廖宏祥，「以能力為導向的台、美合作性戰略規畫」，《自由時報》，二〇〇三年七月四日。

第二節　空軍

要控制臺海局勢，首先要有制空權。大陸對此有清楚認識並已進行重點加強，二○○四年七月的東山島演習就是重點強調爭奪台海制空權。為了加強空軍的實力，大陸一方面從國外特別是俄國購買先進的戰機，另一方面加緊生產和研製國產戰機。

在美蘇冷戰期間，中國大陸就已從法國人那裏進口了「超黃蜂」直升機、「超美洲豹」直升機、「海豚」多用途直升機、「小羚羊」武裝直升機。自中美於一九七九年正式建交起，美國提供了不少東西，如「黑鷹」直升機和「和平典範」計劃。中國共從美國購買了二十六架「黑鷹」直升機，這種通用直升機彌補了中國陸軍航空兵在使用需求上的空白。而「和平典範」計劃在技術上則更進一步，在中國的五十五架殲-8II 型戰鬥機上進行現代化改裝，包括安裝現代化的雷達、火控系統、標準資料匯流排等設備，使之具備現代化戰鬥機的作戰能力。八十年代中國還從義大利得到了雷達制導空空飛彈；從英國獲得了戰鬥機火控系統；從以色列得到了大量先進的怪蛇-3 全向攻擊空空飛彈。[52]

蘇聯解體之後，大陸與俄國的軍事合作密切進行。一九八九年，大陸曾從俄國訂購二十六架高性能蘇-27SK 戰機，並於一九九五年再訂購二十六架，以便取得更先進的蘇-27SMK 生產許可證。該機與美國的 F15 戰機處於同一水平，其作戰範圍達一千五百公里。一九九二年中國空軍獲得

---

[52] 「從保國到強軍，中國對外軍購回顧與展望」，引自千龍新聞網二○○四年二月二十六日。

第一批二十六架蘇-27SK 飛機。大陸將這些飛機放在海南島，而海南距臺灣約一千三百公里。大陸還積極洽購已達西方國家水平的蘇-35 戰機。但俄國不願將這種最先進的飛機賣給大陸。此外，大陸還購買了運輸機、直升機等。大陸還從俄國獲得空中加油等方面的技術。一九九四年，江澤民訪俄，向俄訂購五十億美元的武器，包括先進的戰鬥機和維修中心、空中加油機、防空系統等。

在國產戰機方面，大陸和巴基斯坦共同投資、研製了「梟龍」戰機。梟龍戰機大陸又稱超七戰機，機身長約十五米，高約五米，為單座、單發輕型戰鬥機，帶兩枚翼尖近距格鬥飛彈時的正常起飛重量為九千一百千克。它的身上有七個外掛點，可懸掛多種空空、空地武器，具有發射中距離飛彈、實現多目標超視距攻擊的能力。並且它還可以外掛三個副油箱，外掛能力可以達到三千六百公斤。它具有較強的武器裝載能力和較好的截擊與對地攻擊能力，已經達到第三代戰鬥機的綜合作戰效能，能與當今先進戰鬥機抗衡。大陸具備了連續批量生產梟龍戰機的能力。

此外，大陸還有殲-10 和殲-11 的生產線。中國二〇〇三年開始大規模生產殲-11 戰鬥機（即國產化的蘇-27）。殲-11比現役國產最先進的殲-8 領先二十五年，與試飛中的國產殲-10 各有長短。該機預計於二〇〇四年十二月開始部署。進而，大陸已開始預研有「中國 F22」之稱的第四代國際一流戰鬥機「十二號工程」（即「背景機計劃」）以及中俄合作的第四代輕型戰鬥機。[53]

---

[53] 黃東，「中國引進蘇 30 戰鬥機秘聞」，《澳門日報》二〇〇二年三月十四日。

　　那麼大陸目前的空軍實力如何呢？美國國防部二〇〇〇年估計，大陸空軍約有三十七萬人，空軍下轄有各型戰機三千多架，空軍和海軍航空兵加起來有四十多萬人，四千三百架殲擊機，一千架轟炸機和近距支援飛機，六百五十架運輸機。中國空軍的飛機雖然數量較多，但大多都是五十至七十年代出產的老式飛機：殲擊機中約有二千九百架五十年代生產的和一千架六十、七十年代生產的飛機，這些飛機有相當數量已不具有作戰能力。到二〇〇五年，大陸空軍的第三代飛機有望達到約一百五十架。有人估計目前中國有二百多架蘇-27 和蘇-30 高級戰鬥機，並部署了一百多架自行研製的殲-10 戰鬥機。加拿大漢和情報評論推算，二〇〇五年，中國的蘇-27、蘇-30 將達到二百架左右，加上大約四十至五十架殲-10A，第三代戰鬥機的數量總共是二百五十架左右。

　　除了先進戰機數量較少之外，中國空軍還有其他一些弱點，影響其對台的相對實力。例如，中國已認識到駕駛員的技術水平尚待提高。又如，大陸空軍尚需加強遠端打擊能力。目前空軍只有 B-6D 型轟炸機和 FB-7 型戰鬥轟炸機具備遠端打擊能力，僅有十多架重型運輸機和空中加油機可支援跨海作戰。中國雖有三個空降師，但是空中運輸能力有限，無法以空降作戰作為戰役主軸。為了彌補空運能力的不足，大陸備有徵用民航飛機的計劃。據臺灣國防部稱大陸總參謀部已正式指令執行「93092」方案，即實施傳統與非傳統空（機）降作戰演練。該方案是一個民航飛機運載部隊的攻台方案。據稱，「中國民航」機隊已經準備完成，有能力在二十四小時之內集中八架七四七客機、十八架七三七客機、四十架伊爾十六運輸機，足以在四個小時之內將兩萬人

的部隊送到臺灣各機場，進行第一波的突擊作戰。[54]

　　展望未來，多數觀察家都預測中國大陸的空軍實力將有穩定增長。美國國防部估計，未來大陸空軍的規模將縮減，空軍和海軍航空兵的固定翼飛機將從二〇〇〇年大約五千三百架減少到二〇二〇年二千二百架，但空軍的戰備率、兵力投射距離及執行各種使命的能力有望得到提高。在近十年內大陸空軍一旦擁有了空中加油機和空中預警/空中指揮和控制飛機，實力將成倍增加。二〇〇五年之後，中國可以接受空中加油的殲擊機數量將超過一百五十架。中國主動雷達制導的空對空飛彈可能也將在二〇〇五年之後服役，使其戰機機載武器的性能接近美國先進中程空對空飛彈。加拿大漢和情報評論推算，依照大陸目前的擴軍速度，二〇〇六年兩岸軍事力量在第三代戰機數量、質量上將會大致持平，隨後將是趕超時期。二〇〇六年，中國可能進口二十四至三十八架蘇-30MK3，國產蘇-27SK 會增加二十架，這樣，中國將會增加四十四至五十八架蘇系列戰機和大約四十架殲-10A，使第三代戰機總量達到三百三十四至三百四十八架。二〇〇六年以後，中國在先進戰機的數量方面將會以每年七十至九十架的速度增長。[55] 黃東預測，大陸到二〇一〇年時將有五百三十二架蘇-27 系列，包括直接購買的一百二十二架蘇-27SK 和六十架蘇-30MK 服役，加上約七百架自製的殲-10。[56] 根據臺灣方面的估計，大陸的新一代戰機在二〇一

54 「台軍演重視反空降作戰」，《聯合早報》二〇〇〇年九月二十四日。
55 平可夫，「中國先進戰機年增七十架 準備抗擊美軍」，《亞洲週刊》，二〇〇四年四月。
56 黃東，「中國引進蘇 30 戰鬥機秘聞」《澳門日報》二〇〇二年三月十四日。

二年數量將可達到一千架左右。

下面我們來看臺灣空軍的情況。臺灣空軍有六個戰術戰鬥機聯隊、一個運輸/反潛聯隊、一個戰術控制聯隊和一個氣象預報聯隊。臺灣的戰機來源包括購置與自製，外購的戰機主要來自美國。一九九二年九月二日，老布希總統宣佈美國賣給臺灣一百五十架 F-16 戰機，該機首批於一九九六年到貨。美國賣給臺灣這批高性能戰機的原因之一是為了對付大陸從俄國購買的先進戰機。臺灣用這批戰機替換老舊的 F-104 和 F-5 戰機。另外，一九九三年一月，法國批准售台六十架幻象 2000-5 戰機。一九九三年，臺灣空軍「鷹眼計劃」向美國採購了四架 E-2 T 空中預警機，它配備的雷達是美國所用的 A N／A P S-145。它的偵查範圍涵蓋二千四百萬立方公里空域，或是三十八萬多平方公里的海面和地面。可將臺灣現以地面防空雷達為主要偵查裝備的預警時間由五分鐘提高到二十五分鐘。由於大陸與美國之間的《八一七公報》沒有對技術轉讓做出限制，美國還向臺灣大量轉讓製造精密飛機的技術。不過，美國不願看到臺灣武器發展超出自身防衛的需要。一九八一年，美國曾拒絕出售臺灣一再要求購買的 F X 戰鬥機。

在自製方面，臺灣一九八二年開始研製 IDF 經國戰機，一九八八年正式面世。據信，它裝有兩台 T F E 1042 發動機，速度超過一點二馬赫，較新型的 IDF 能達到一點八馬赫，其最大特點是起飛快。一九九五年十二月首批 IDF 經國號戰機、第一個作戰中隊二十架成軍，不過，該機的性能還有待考驗。臺灣的立法委員和監察委員對該批飛機的性能和結構提出過質疑。此外，美方對 IDF 戰機關鍵技術加以控制。九

十年代後，由於臺灣為了實現產業轉型將原來準備自主開發軍備的技術力量轉向以資訊業為主的高科技民用產業，原有的自主研發軍備計劃只能轉為外購。其後果就是臺灣自主研製的 IDF 戰機生產一百三十架後下線。

　　臺灣空軍目前約有一百三十架自製的經國戰鬥機，六十架幻象戰機，近一百五十架 F-16 和一些老舊的 F-5 E-S X 戰機，戰機總數為四百餘架。臺灣擁有約三百餘架第三代戰鬥機，占其戰機總數的四分之三。為提高在飛機和飛彈持續打擊下的生存能力，臺灣軍隊花蓮的佳山基地可容納二百架飛機。

　　可以看出，臺灣通過採購和自製先進戰鬥機，空軍實力有所增強。首先，臺灣空軍主戰飛機雖然數量上仍少於大陸，但大多數為第三代作戰飛機，不僅航程遠、載彈量大，而且配備有先進的航空電子設備、火控雷達系統及夜戰系統，夜戰、遠戰、電子戰水平和精確打擊能力都有明顯提高，能夠進行全天候作戰，同時攻擊多個目標。其次，先制反制攻勢加強，對大陸戰役縱深地區威脅增大。臺灣軍隊第三代戰機作戰半徑八百至一千公里左右，載彈量為上一代主力戰機 F-5E 的兩倍，突防和對地攻擊能力強，空地飛彈射程可達四十餘公里，大陸東南沿海及戰役縱深地區均在其打擊範圍之內。第三、偵察預警能力提高，使大陸空中作戰行動較難達成隱蔽、突然的目的。台空軍目前已建成了由「強網」自動化管制指揮系統和 E-2T 空中預警機、C-130H 電子偵察飛機組成的系統，實現了空中目標探測、性質判定、情報傳遞、指揮控制的全面自動化，對大陸沿海戰機活動具有一定

監控能力。[57]

不過臺灣空軍也有一些問題。首先，臺灣採購的戰機因各種原因頻頻出事。F-16 戰鬥機屬 A、B 原始型，不僅因停產而缺乏零配件，而且存在主發電機失效、剎車與電線間隙不足等質量問題。其次，台空軍有飛行員短缺的問題，空軍人員，特別是飛行軍官，出現工作過度現象。

就臺灣空軍的未來發展看，其第三代戰機數量在未來五年內不會發生大的變化。但隨著大陸先進戰機的增加，臺灣有可能再次向美國求購戰機。同時，臺灣還會加速預警機指揮系統的升級換代，加快預警機與戰鬥機之間、戰鬥機相互間的資料鏈建設。

比較兩岸的空軍實力可以發現，大陸空軍佔有數量優勢，但新型戰機少於臺灣。目前大陸的空軍實力略遜於臺灣，但有望在短期內趕上臺灣。美國國防部二〇〇三發佈《解放軍軍力報告》指出，臺灣空軍在武器系統、裝備保修和飛行員素質等方面勝過大陸。臺灣空軍電子戰能力較中國空軍超前，並以 E-2 T 進行前進空中管制，反應能力亦較中國空軍為佳。在戰術訓練上，臺灣也認為仍然較優於大陸，因此，雖然臺灣的戰鬥機總數遠不及大陸，然而，以其現有的戰機以及高素質的飛行員，臺灣在目前仍然保持相當的制空權。

大陸戰機數量上的優勢將維持下去，因為空軍具有高度的機動性，所以大陸可以調動其絕大部分空軍力量對付臺灣。大陸有七個空軍基地距臺灣在二百五十英里之內，戰機

---

[57] 吳敏傑，「二〇〇四東山島軍演：兩岸軍力隔海爭奪制空權」，《外灘畫報》，二〇〇四年七月十三日。

可在五到七分鐘之內攻擊到臺灣島上的目標。大陸空軍也已經能以空軍方式運送前進指揮所，大大提高了多兵種協同作戰的指揮時效。如果大陸武力攻台，它可以機海戰術與台空軍進行空中纏鬥。如果大陸的殲擊機能有效纏住台空軍，其轟炸機群便可攻擊台方的地面設施，但若是戰鬥空域侷限於台海上空的話，狹長的空域則會抵消大陸戰機數量上的優勢。

第三節　海軍

上世紀八十年代以來，中國海軍裝備更新的速度和成效超過陸軍、空軍。一九九二年十月，江澤民在中共十四大政治報告中指出，今後軍隊的使命是維護祖國統一，領土完整，和海洋權益。他以軍方領袖的姿態首次提及海洋權益，可見大陸對發展海軍的重視。在蘇聯的「北方威脅」解除後，大陸的戰略重心已由北向南，由陸地向海洋轉移。大陸海軍正由近海防禦型向遠洋化發展。海軍內部航空兵、陸戰隊和沿岸防禦部隊均衡發展。核潛艇和大型水面艦是北京的發展重點。另外通過改良和引進技術，中國海軍新服役的艦艇在艦對艦攻擊、防空、反潛、電子戰、雷達及綜合作戰資訊處理等方面都有明顯的進步。大陸海軍還試圖從俄國購買航空母艦，海軍整體的裝備水平與西方國家的差距在過去二十年間由三十年縮短到十年左右。

根據美國國防部關於中國軍事實力年度報告，大陸海軍約有二十六萬官兵、六十艘驅逐艦和護衛艦、約六十艘常規潛艇和六艘核動力潛艇、近五十艘兩棲登陸艦艇、數百艘輔助船和小型巡邏艇，其中快艇部隊數量居世界第一。過去十

年，大陸海軍努力進行部隊精簡和現代化，淘汰了大量的老式艦船，補充了少量現代化艦艇。主要水面作戰艦隊正在逐步用自行研製的新型驅逐艦和護衛艦取代老式艦隻，規模相對穩定，老式登陸艦已被數量相當的國產艦隻所取代。

中國在潛艇方面比臺灣佔有絕對優勢，未來可預期的時期內將繼續保持這種數量上的優勢。大陸潛艇多是舊式蘇制或仿製的R級潛艇，它以柴油為動力，水下周期短、噪音大，較容易被臺灣反潛機所測出。大陸已淘汰一半潛艇。大陸已有六艘無聲K級潛艇，現正試圖通過購買更多俄國的K級潛艇來改善潛艇的噪音問題。中國海軍將領公開表明核潛艇的現代化列入優先發展目標。雖然中國現役潛艇數量將減少，但其總體質量水平增加。中國正在生產更現代化的潛艇，並使用外國的潛艇技術。雖然其潛艇部隊主要方向是用魚雷和水雷攔阻水面艦隻，但是某些潛艇上也可能開始裝備潛射巡航飛彈。中國認識到反潛訓練的重要性，潛艇的反潛作戰能力有望提高。因此，中國潛艇能夠成為控制海上通道和對臺灣周圍布設水雷的一支重要力量。

美國國防部估計中國主要水面作戰艦艇包括約四十艘護衛艦和二十艘驅逐艦。它們都攜帶反艦巡航飛彈，包括第一代CSS-N-1/「粗刷」飛彈到更先進C801/「沙丁魚」和C802/「掃視」。其中包括中國在九十年代末從俄國買的兩艘七千噸級「現代」級驅逐艦（中國稱它為杭州級）。艦上搭載了八枚對艦飛彈，射程是一百二十公里，速度是音速的二點五倍。該艦還配備有區域防空飛彈，是中國大陸首次真正擁有區域防空能力的水面艦隻，可為艦隊提供防空屏障。大陸海軍水面艦隊有望加強其戰備能力和大規模持久作戰能力。

　　至於自製的新式艦艇，大陸有「旅滬」級飛彈驅逐艦。林中斌認為，「旅滬」級飛彈驅逐艦的特點是不同國家系統的軍事產品合裝在一艦（集中了中國科研成果一百多項，引進國外先進技術四十多項），使用效果看來不錯；中國所具備的軍事科研和自行設計能力，恰恰是臺灣所欠缺的。

　　大陸軍隊的相對數量遠大於臺灣，但是其地面部隊能投送多少兵力至臺灣，關鍵在於運送能量。對於中國兩棲兵力運送能力，各方有不同看法：

1、　中國自己評估：中國意識到兩棲登陸能力的不足，目前十分重視民船在兩棲登陸中的作用。南京戰區司令員陳炳德、政委方祖岐告訴記者，近年來，戰區對使用民船配合主力，進行大規模渡海登陸作戰這一課題開展了深入的研究，成功解決了一系列難題，使戰區內的數十萬艘民船可隨時動員徵用，保障大兵團渡海登陸作戰需要。大陸在最近的演習中突出了漁船和商船的支援作用。這種預備役力量如果建成，將會提高中國的兩棲作戰能力。

2、　美國國防部評估：大陸海軍的兩棲艦隊所提供的海上運輸能力足以運送一個步兵師的兵力。大陸海軍還擁有數百艘小型登陸艇、駁船和運兵船，所有這些連同漁船、拖網船、民用商船一起使用，從而擴大了海軍兩棲艦隊的規模。然而，在遠距運輸、後勤補充和空中支援方面的不足將繼續妨害中國投送兩棲兵力能力。中國海軍陸戰隊只能夠執行地區性營級規模的兩棲作戰。此外，每年季節性氣候條件限制了小艇進行兩棲作戰的能力。如果目前的造艦趨勢在二〇〇五至二〇一〇年一直持

續，大陸的兩棲運輸能力將不會有明顯改善。

3、 歐美戰略研究機構的評估：大陸正規兩棲載具一次約可
投射一個強化步兵旅，或輕裝甲化旅，約八千餘人。

4、 台國防部的評估：二〇〇三年八月二十九日台國防部
《二〇〇三年度解放軍軍力報告書》認為：大陸兩棲艦
艇具備裝載一個師級單位實施渡海作戰的能力，加上機
漁船則可輸送輕裝部隊約四十萬人，另外距臺灣六百浬
內約可部署軍機一千餘架，並有一次運送兩個空降團的
能力。即大陸在同一時間內，採取正規與非正規的手
段，具有運送四十一萬人至臺灣的能力。

5、 二〇〇三年民進黨政策委員會研究小組「臺灣兵力規模
研究報告」評估：依據大陸近年的演習與兵力整備狀況
研判，其正規兩棲艦的增加相當緩慢，但逐步推廣具備
一定兩棲能力的商用「國防動員艦」，在二〇一〇年前
中國正規兩棲登陸能量可以提升至三至四個師的水
平，也就是五萬人左右。加上傘降、機降的部隊，總數
約達七萬人。另外，中國最近積極以百噸級大型漁船進
行渡海演習，其采非正規方式運載的登陸部隊應有十萬
人的能力（每艘百噸級漁船約可運載九十至一百二十名
輕裝部隊），也就是共計十七萬的部隊。

6、 日本杏林大學教授平松茂雄評估：中國民用船舶噸數及
技術性能已達一定規模水準，能動員民間船舶進行作戰
的船舶包括在國家船舶檢查局登記的一千艘至兩千艘
遠洋船舶，以及三百至六百艘近海船舶。這些船舶予以
必要的改裝訓練後，可用在高科技的海上局部戰爭。

綜合這些評估我們可以看出，大陸海軍的兩棲登陸能力

有限，需輔以民船和商船的動員。即使是動員了民船，目前大陸也還不能保證能輸送足夠數量的兵力到臺灣海岸。

　　下面我們來看臺灣的海軍實力。臺灣海軍擁有六點八萬人，分為三大海軍軍區，司令部分別設在左營、馬公和基隆基地。美國國防部對臺灣海軍的評價是，組織管理良好，裝備保養亦佳，新裝備陸續服役，戰鬥潛力提升；但海軍尚未與陸軍及空軍有效整合，聯合演習次數少，且無法同時進行多項任務。[58]

　　臺灣海軍的裝備主要是從國外購買或租用。一九九二年美國 F-16 戰機的出售也為其他西方國家售台武器開了綠燈，荷蘭和德國政府也取消了售台武器的禁令，允許各自的造船廠投標為臺灣建造潛艇。一九九二年，臺灣向法國訂購了六艘「拉法葉」級護衛艦，艦長一百二十五米，寬十五點四米，滿載排水量三千五百噸，最大航速二十九節。首艦於一九九四年五月下水，一九九六年三月交付臺灣軍隊。目前，六艘護衛艦全部到台，分別以中國大陸城市康定、西寧、昆明、迪化、武昌、承德命名，按慣例改為「康定」級護衛艦。它們具有隱形、防磁、防震、低噪、穩定性強、機動性好等優點。另外，「康定」級護衛艦採用了先進的電腦自動化指揮系統。一九九四年十二月，臺灣第一艘擁有夜視系統的飛彈巡邏艦成軍。二○○一年四月美國對台軍售的武器中，包括四艘紀德級的驅逐艦。紀德級是九千噸以上的大型驅逐艦，配備有八枚射程一百公里稱作 Harpoon 的對艦飛彈。雖然 Harpoon 飛彈不是超音速，但在射程上和中國的驅

---

[58]　見美國國防部二○○三年《解放軍軍力報告》。

逐艦勢均力敵。

目前台海軍有十一艘驅逐艦、二十三艘護衛艦、五十艘飛彈攻擊快艇、一艘指揮控制艦、四艘潛艇與四艘「新港」級登陸艦。其中，護衛艦有六艘「康定」級護衛艦、八艘半自製的「成功」級護衛艦、和租借的九艘「諾克斯」級護衛艦。它們具有一定的電子作戰與反潛能力、指揮與火控系統的自動化程度較好、對空與對海作戰能力較強。

臺灣的潛艇力量較弱。臺灣海軍目前以四艘潛艇組成「二五六潛水艦戰隊」。兩艘美制的「海獅」和「海豹」潛艇是一九四五年下水的，魚雷發射管已基本失效，長期以來只能供訓練使用。真正擔負戰備任務的是一九八八年返台服役的兩艘荷蘭造潛艇，名為「海龍」、「海虎」。這兩艘潛艇體積不大，艦長大約六十七米，寬逾八米。美國在二〇〇一年答應售賣八艘柴油動力潛艇給臺灣，然而現在的問題是美國的軍火供應商已不再製造這一類潛艇，美國將協助台從第三國購進，所以臺灣何時才可獲得這些潛艇還不得而知。臺灣計劃不斷增加現代化潛艇的數量並且提高質量。

臺灣海軍一九九二年二月成立「反潛指揮部」，其下除原有的一個潛艇中隊外，還有從美國購買的十二架 S-70C 型反潛直升機。相對於臺灣的面積而言，十二架是相當多的。臺灣艦艇、飛機反潛全靠「阿斯洛克」飛彈和 MK-46 魚雷，它們主要用於深水反潛，不能在淺水區使用，臺灣海峽許多地方水深不過五十米，不能滿足 MK-46 對深度的要求。臺灣正在獲得先進的反潛技術，可能因此而提高在臺灣沿岸對付大陸潛艇的能力。

為了應付大陸海軍的威脅，臺灣海軍制定了所謂「萬象

計劃」，它是臺灣軍隊以「萬象」水雷研製工作為核心，提高佈雷作戰能力的一項綜合性水雷戰計劃。二〇〇四年二月初臺灣島內媒體報導該型水雷的敵我識別功能也得到了重大技術突破，稱該型水雷「已成為台海軍目前最先進的水雷，依臺灣海峽特性而量身定做，除針對中共各型艦艇外，還適合各種深水佈雷」。臺灣軍隊其他種類水雷長期以來都是依賴美國的援助，在大力發展水雷的同時，也注重佈雷能力的提高，尤其注重水面、水下聯合佈雷的演練。[59]

　　比較兩岸的海軍實力可以發現，大陸海軍在艦艇的數量方面遠多於臺灣，特別是潛艇的數量遠多於臺灣，但在質量特別是技術領域，如防空、C^4I（指揮、控制、通信、電腦、情報等之英文縮寫簡稱）和警戒方面仍落後於臺灣。大陸的水面後勤補給能力也較差，因為中國海軍必須遠離基地與臺灣軍隊爭奪台海制海權，若要返回己方港口整補反而消耗寶貴的時間並且減損戰力，但實施水面整補若缺乏空優掩護，艦艇將淪為敵方的靶艦。

　　從未來的發展前景來比較，大陸海軍大型作戰艦艇發展速度將比臺灣海軍快。臺灣在二〇〇五年兩種大型作戰艦艇數量十四艘，二〇〇六年水面大艦數量達到十八艘。大陸海軍二〇〇五年第三代新型作戰艦艇的數量將達到八艘，二〇〇六年大陸因為 051C「中華俄式宙斯盾」驅逐艦可能進入海試，使大艦數量達到十四艘。但是其六千噸以上大艦數量超過臺灣，因此新艦總噸位會超過臺灣新造艦艇，並且首先

---

[59] 李潤田，「台軍發展海空聯合佈雷能力，稱戰時將佈雷封海峽」，《環球時報》二〇〇四年三月一日第十版。

配備了「中華宙斯盾」技術。總體上，雙方的海軍力量對比將在二○○六年開始發生變化。在二○一○年前後，臺灣可能得到宙斯盾作戰系統前，制海權可能向大陸方向傾斜。[60]

第四節　陸軍

　　大陸是一陸軍大國，但自鄧小平主政以來，作為國防現代化的一部分，中國一直在裁減陸軍的規模。裁軍的目的是精簡人員和設施，用更先進武器裝備其「核心」的地面、空降、機械化部隊和航空兵。從一九九一年的海灣戰爭以來，大陸已將大量資源投向發展特種作戰部隊。這些部隊是現代化地面部隊的一部分，很可能已被指定在對臺灣的各種突發戰中承擔特殊使命或任務。這些任務包括執行偵察和監視；定位或摧毀 C^4I 設施、運輸中心和後勤軍需庫；攻佔或摧毀機場和港口；摧毀防空設施。上世紀末，中國曾裁軍五十萬，力求完成由人力密集型與數量規模型向技術密集型與質量效能型的轉變，以利隨時可能爆發的高科技作戰。陸軍是此次裁員主要軍種，從二百四十萬裁至二百萬，占全軍裁減總人數八成。

　　中國的地面部隊區分為七大軍區，由四十個機動師和約四十個機動旅組成，其中約十四個師是快速反應部隊。陸軍有一百五十多萬的預備役民兵和一百萬的武警作後盾，但是，大陸將只會用總兵力中的一部分對台作戰，涉及直接對台作戰的兵力可能包括南京軍區的戰區彈道飛彈部隊；南京

---

[60] 平可夫，「中國先進戰機年增七十架，準備抗擊美軍」，《亞洲周刊》，二○○四年四月。

和廣州軍區的空軍和陸軍（特別是南京軍區的第一和第三十一集團軍）和東海艦隊的海軍兵力。大陸會調用別的軍區和艦隊的空、海、陸軍部隊來增強在臺灣對岸的兵力部署。如武力攻台，除南京軍區外，尚可短期抽調濟南及廣州軍區部隊支援作戰。大陸地面部隊有高度的凝聚力、強烈的愛國心，不僅有體能優勢，而且基本戰術技術訓練有素。另外，地面部隊在行動與通訊安全上實力很強，在藏匿、偽裝方面也很精通。儘管空降兵的建制運輸能力有限，但會在台海危機中佔領機場，為後續部隊的登陸和支援兩棲登陸發揮重要作用。

臺灣陸軍現有將近二十萬人和約一百多萬後備隊，陸軍的八成部署在本島，在金門、馬祖兩島上部署五個師約五萬餘人。臺灣還有民警、軍警等准軍事人員二點六六萬人。台陸軍配備的裝備有一千多輛主戰坦克，裝甲車九百五十輛，一千二百三十門各種火炮以及各種短、中程地空飛彈。[61] 臺灣軍隊的主戰坦克裝有高清晰度熱成像瞄準儀和鐳射測距儀，能在夜晚或煙霧中發現目標。不過，臺灣軍隊的坦克、裝甲車新老裝備摻雜，對外依賴程度較高，因此維修比較困難。

經過多年的改革，臺灣陸軍具有了以下特點：

1、**編制精簡**。按照臺灣一九九五年制定的「精進案」規劃，第一階段陸軍總員額將降至十六點五萬餘員；第二階段再降至十三點四萬餘員。該案的核心是將台陸軍二十個師改編為三十七個聯兵旅，其中二十二個守備旅，十五個打擊

---

[61]　「臺灣軍事發展最新回顧」，《現代兵器》，二〇〇三年第十二期。

旅。在總體上，把師級單位精簡成旅級單位，將兩個機械化師變成機械化旅，本島六個步兵師變成六個步兵旅。數十年來，台陸軍經歷十餘次精簡整編，九十年代後兵力雖不斷減少，但作戰實力明顯提高。

2、裝甲化、立體化。台陸軍目前擁有四百五十輛 M48H「勇虎」坦克，已裝備了五個裝甲旅。台陸軍還準備把三百輛 M48A3 型坦克改良成 M46A5 型，將其九十毫米的坦克炮改成一百〇五毫米的坦克炮，再裝備一個裝甲旅，由此臺灣陸軍便有六個獨立裝甲旅。台坦克、裝甲車火力較強、快速機動性能好。立體化是二十一世紀臺灣陸軍的另一大發展目標。臺灣陸軍擁有購自美國的 AH-1W「眼鏡蛇」和 OH-58D 偵搜直升機。

3、防禦飛彈、空降的能力較強。為了提高飛彈水準，台陸軍將對兩個防空飛彈群進行更換，首先用購自美國的「愛國者」2 型飛彈更換「勝利女神」飛彈，其次用自行研製的「天弓一型」飛彈取代「鷹式」飛彈。「愛國者」3 型飛彈到位後，其實力將進一步加強。

4、編制體制靈活化，形成多樣化，實施集中指揮。台陸軍編配靈活，彈性較大，表現在台陸軍軍團作為野戰部隊平時編成最大單位與最高指揮機構，擔負作戰指揮與勤務支援任務，指揮不定數量之軍、師、旅。

比較兩岸的陸軍可以發現，大陸地面部隊的人數遠遠多於臺灣，在部隊的訓練以及戰士的吃苦耐勞精神等方面比臺灣強。美國國防部二〇〇三發佈《解放軍軍力報告》認為，臺灣陸軍在聯合作戰、訓練、後備軍人動員等方面有缺點。但由於大陸運送能力有限，只有較少數量的兵力可以登陸臺

灣，而且登陸部隊大部分將是輕裝部隊，而臺灣處於防守的
地位，按慣例，進攻一方的兵力需數倍於防守一方的兵力才
有可能取勝。民進黨政策委員會二〇〇三年「臺灣兵力規模
研究報告」推算，臺灣只需要十七萬陸軍部隊就可以抵禦大
陸四十一萬輕裝步兵的進攻。當然臺灣國防部不敢如此樂
觀，但也仍認為臺灣還有裁減陸軍的空間。這就是為什麼臺
灣仍在裁減其陸軍。

　　另一方面，臺灣的防禦經過半個世紀的經營已經具備規
模。一本在一九九三年六月由四川人民出版社出版的專著
《中國軍隊能否打贏下一場戰爭》認為，臺灣軍隊用於防禦
大陸的攻擊兵器密度相當大，並且現代化程度高。除了島上
西部構築了密集的防禦工事外，一九九一年臺灣在東岸完成
擴建防空系統的「佳山計劃」，在屏東、花蓮一帶修築了大
型地下基地。佳山基地地處中央山脈東側的加禮宛山山下，
面向太平洋，有海拔三千米以上的中央山脈為屏障，所以襲
擊只能從東方海面進行。因此，要想摧毀臺灣軍隊的防禦體
系，沒有強大的火力和一定的時間是不可能的。

第五節　飛彈與飛彈防禦

　　大陸在其現代化過程中優先發展飛彈部隊。中國航太機
電集團是研製生產飛彈武器的主要集團，幾十年來，已經研
製生產了戰略、戰術、防空、海防等多系列數十種飛彈武器
系統，使中國具有了高、中、低，遠、中、近，亞音速、超
音速等不同類型的、不同導引方式、能夠精確打擊點目標的

飛彈武器裝備。[62] 大陸的第二炮兵部隊是主要的飛彈部隊。

在遠端飛彈方面，中國在二十多年前已發展了射程達一萬三千多公里、足以覆蓋全球的東風5型飛彈。現役的東風31型洲際彈道飛彈，射程逾八千公里，改良型可達一萬公里，可攜帶一枚七百公斤的核彈頭或五至八枚分導式核彈頭，圓周偏差率為一百至一百五十米。在中國境內發射可打到美國的西岸，發射的準備時間，也縮減到只需十至十五分鐘；其載車能在公路進行機動，提高在敵方發動第一次核打擊時的倖存力。中國軍方還在開發一種射程更遠、且可以攜帶多枚彈頭的東風41型飛彈。東風41及31型洲際彈道飛彈均採用三級固體運載火箭作動力，另一方面，兩型飛彈也採用了電腦控制的慣性制導系統，命中精度得到大幅提高。若配用多彈頭分導重返大氣層方式進行攻擊，以西方目前技術是很難進行攔截的。中國還有巨浪二型飛彈，它是遠端潛射彈道飛彈，是東風31的潛射型，射程可達一萬二千公里，可攜帶五至八枚分導式核彈頭，同樣是以美國本土為打擊物件，但要發射這種飛彈，需要克服潛艇噪音，以便成功穿越敵方監視網而靠近目標進行攻擊。

在中程飛彈方面，中國有東風21型中程彈道飛彈，射程約二千七百公里，改良型可達三千二百公里，圓周偏差率精確到二十米，可用於打擊大面積移動目標，另一種東風21改進型能攜帶三枚分導式核彈頭。軍事分析家指出，中國將東風21多彈頭化，是用以對抗美國計劃中的飛彈防禦

---

[62] 「中國要加快研製生產國防『殺手鐧』武器」，新華社一九九九年八月二十六日。

系統，抑制美國對台海糾紛的介入。臺灣國防部《二○○三年度解放軍軍力報告書》認為：「大陸中程彈道飛彈，將打擊範圍擴展到琉球、日、韓的美軍海空前進基地，以嚇阻『外力介入』」。

在短程飛彈方面，大陸擁有東風型地對地短程彈道飛彈，外界稱為 M 族飛彈。飛彈型號有 M-7、M-9、M-11 和 M-11 改良型等。M-7、M-9 等成為外銷型號。這些射程從一百八十至一千公里不等的戰術飛彈，射程範圍可覆蓋全臺灣。飛彈採用捷聯式慣性引導系統，彈頭加裝差分式衛星全球定位系統及環形陀螺儀，再配合彈上電腦，命中精度偏差為數十至二百米。臺灣國科會太空計劃室籌備處研究員謝清志二○○○年九月一日在臺北「台海兩岸軍力評估研討會」上說，大陸若以 M9 飛彈向桃園機場或總統府瞄準發射，命中率是百分之百。大陸的戰術飛彈也可攜數百枚小型磁電感引信地雷用於封鎖機場。二○○二年時，美國國防部表示大陸有三百五十枚 M 族飛彈瞄準臺灣，每年增加約五十枚。二○○三年，美國國防部修正中國大陸部署瞄準臺灣的飛彈為四百五十枚，每年增加約七十五枚，估計到二○○五年，大陸部署瞄準臺灣的飛彈數量達到六百枚。臺灣軍方認為，大陸常規飛彈已從二○○三年的五百餘枚增到六百餘枚，預計兩年後將會增加到八百餘枚。以一次攻擊最大發射量一百五十枚計算，足以對臺灣發動五個波次、持續十小時的飽和攻擊。[63]

除了飛彈，大陸還有火箭炮。二○○○年九月二十二日

63　李潤田，「東山島軍演震動臺灣」，《環球時報》，二○○四年七月十二日。

中國時報消息，大陸研製生產新一代火箭炮 WS-1B，最大
射程三百六十公里，殺傷半徑在四百五十公尺以上，而臺灣
海峽平均寬度二百公里，臺灣島東西寬度一百六十公里，因
此如果大陸將這種新型火箭炮部署在福建，則臺灣全島由南
至北都在它的射程之內。這種新一代火箭炮是目前大陸口徑
最大，世界上射程最遠的火箭炮。該火箭炮可配備威力強大
的高爆彈、燃燒彈、鑽地彈、子母彈。每枚火箭用密封箱裝，
運載車有自動裝填系統，打完後可迅速裝填。WS-1 多管火
箭系統是目前世界上較為先進和完善的遠端地對地戰術火
箭之一，它採用了飛彈、火箭和電子方面的許多先進技術。

　　與強大的飛彈進攻能力形成反差的是大陸防禦飛彈的
能力。一九九二年大陸曾從俄國購買了一些 S-300 地對空防
禦雷聲飛彈系統。這種飛彈的性能可與美國的愛國者飛彈相
媲美。大陸自行研製的前衛一號飛彈基本達到美國針刺飛彈
的水平，但整體來說，大陸防禦飛彈的能力有限。美國認為，
中國防禦巡航飛彈的能力不足，並且不存在反戰區彈道飛彈
能力和反彈道飛彈能力。中國陸基空防部隊只提供點防禦，
沒有一個全面的國土防空網，但大陸近年來正在發展從低空
近程到高空遠端的各種雷達，獲得空中情報的能力增強。北
京正在研製最先進的地空飛彈，這將使它在今後十到二十年
內防禦巡航飛彈和戰區彈道飛彈的能力得到提高。

　　下面我們來看臺灣在飛彈及飛彈防禦方面的實力。長期
以來，臺灣以採購和自身研製相結合的方式力圖加強其飛彈
能力。上世紀八十年代，臺灣制訂了研製中程飛彈的「天馬
計劃」，此後又有一個「天戟計劃」。臺灣一九八一年曾生產
出射程約一百五十至二百公里的青蜂地對地飛彈。據信，它

的研製得到了以色列的技術援助，它可以攜帶核彈頭，因此美國施加壓力，使臺灣停止了生產。九十年代初臺灣曾研發射程約八百至一千公里的天馬型中程飛彈，但沒有形成作戰能力。一九九二年六月，臺灣和美國達成一項為期五年的合作協定，由美國提供「愛國者」反導的關鍵技術和零部件以改進「天弓」二系統，使其具備反 TBM 的能力。此外臺灣也發展了天箭空對空飛彈和兩種反艦飛彈。一九九三年初，美國同意向臺灣出售「愛國者」二型地對空飛彈系統，臺灣將三套愛國者飛彈系統配置於臺北周圍，進而，臺灣獲准可製造該彈體後段以及戰鬥部元件、發動機和控制艙段，並引進了「愛國者」制導增強型飛彈（GEM）。一九九四年八月美國又同意出售針刺低空防衛飛彈給臺灣，首批交易為六百枚。九十年代中期，臺灣著手發展巡航飛彈，以期對大陸重要目標實施「點穴式攻擊」。

　　一九九六年台海危機後，臺灣將飛彈防禦當成頭等大事，加緊研製反彈道飛彈系統。中山科學技術研究院在「天弓」二型飛彈基礎上改進而成的這種反飛彈系統，其外型與「天弓」二型相同，改進的重點是制導系統。一九九八年，ATBM 在屏東九鵬基地完成了三次試射。一九九八年十月，美國國會通過兩項議案，使臺灣地區處於亞洲─太平洋飛彈防禦傘下，美國還通過加強美、台 TMD 合作立法，以便向臺灣提供飛彈防禦。一九九九年四月，在華盛頓舉行的美、台年度軍售會議上，美國同意向臺灣提供早期的預警雷達和六套 PAC─3 地對空飛彈系統。[64] 二〇〇二年初，美國蘭德

---

[64]　孫亞力，「TMD：台軍壯膽美國撈錢」，《環球時報》，一九九九年九月

公司的研究報告指出，臺灣已經開始研製射程約一千公里「雄風Ⅱ—E」型巡航飛彈，以強化境外作戰、攻勢防禦，打擊包括北京、三峽大壩在內的戰略目標的能力。二〇〇四年三月《簡氏飛彈與火箭》一篇文章稱，臺灣正在研發有能力攻擊大陸的地對地飛彈，初步計劃生產三十枚射程達二〇〇〇公里的地對地中程飛彈和一百二十枚射程約一千公里的地對地短程飛彈。另外，臺灣計劃在未來十五年內研製十至十五枚探空火箭。這種火箭飛行高度可達三百至五百公里。一旦試驗成功，它不僅可以運載衛星升空，也可能改裝成為遠端地對地戰略飛彈。[65] 臺灣現在部署的「愛國者」飛彈系統無法對付大陸的「東風-21 型」中程飛彈，因此美國將出售愛國者三型給臺灣。愛國者三型是短程的迎擊飛彈。它在大氣層內戰術彈道飛彈飛行末段進行攔截，採用複合制導技術，屬動能反導武器，以動能戰鬥部直接撞擊方式摧毀來襲彈道飛彈彈頭，同時亦設置了爆破式殺傷增強器，具有雙重攔截手段。臺灣未來續購共六套三百八十四顆愛國者三型飛彈系統，全台將連成北、中、南共九套愛國者飛彈防禦系統。但臺灣得等到二〇〇七年才能得到這種飛彈。

　　為了配合飛彈防禦和空防，臺灣還特別重視建設雷達和預警系統。臺灣軍隊已建立了四十多個雷達站，部署了一百多部不同類型的雷達。這些雷達大多部署在大漢山、樂山與大岡等高山上，也有部分雷達部署在開闊地域，構成了以臺灣島西中部為主要方向的雷達預警情報網。臺灣現役雷達的

十日第十三版。

[65] 林海奇雲，「兩岸關係新添隱患：臺灣軍方成立飛彈司令部」，《世界新聞報》，二〇〇四年四月七日。

探測距離基本不超過五百公里，因此只是一個近、中程防空預警系統。[66]

　　為了彌補遠端防空的漏洞，臺灣向美國採購AN/FPS-115「鋪路爪」這類監視並追蹤數千公里外目標的早期預警相位陣列雷達。臺灣擁有此類技術裝備後將在一定程度上削弱大陸彈道飛彈與戰略轟炸機對臺灣的威懾力。臺灣軍隊將部署此型雷達在臺灣南北兩端，可三百六十度涵蓋整個臺灣，偵測來自任何一方的飛彈。[67] 不過，這種雷達由於體積龐大，一旦戰爭爆發，較容易被摧毀。除了大陸配備的反雷達飛彈之外，中國也可出動特戰部隊摧毀雷達。而且，這種雷達不過增加數分鐘預警時間，效益有限。再者，兩套系統需等到二〇〇八年左右才能投入使用。

　　臺灣還從國外購買高技術保密通信和電子戰飛機。其中，臺灣於一九九五年從美國格魯曼公司訂購了四架 E-2T「鷹眼」預警機。臺灣軍方稱，這種飛機裝有 APS-145 雷達系統，能偵察到大陸東南部西部空軍基地的飛行情況，將把臺灣的對空預警時間從五分鐘提高到二十五分鐘。美國又於一九九九年決定售台兩架全天候 E2C 鷹眼預警機，第一架已於二〇〇四年交機。

　　比較兩岸的飛彈與飛彈防禦系統可以看出，大陸在飛彈的數量與技術上都比臺灣佔有優勢。臺灣到目前為止尚缺少遠距離精確打擊武器。但在飛彈防禦方面，大陸落後於臺

[66] 蘇雨生，「臺灣花 17 億美元購置的雷達『鋪路爪』難有作為」，《國際先驅導報》二〇〇四年四月八日。

[67] 朱顯龍，「美國售台遠端預警雷達監視大陸導彈」，你好臺灣網，二〇〇四年四月五日。

灣。臺灣在飛彈防禦方面做得比較好是因為一旦兩岸爆發戰爭，發起進攻的主動權掌握在大陸手中，臺灣基本上只能被動應付。另一方面，儘管臺灣在飛彈防禦方面投入了巨大的資金和努力，其飛彈防禦體系尚不完美。就拿「愛國者」飛彈來說，在海灣戰爭中其攔截「飛毛腿」飛彈的實戰命中率僅有百分之九。飛毛腿飛彈相當落後，彈頭彈體合一，容易被攔截。而大陸的 M 族飛彈彈頭長度僅全彈四分之一及有隱形設計，突防能力高。臺灣「國防政策與戰略研究學會」出版的《國防政策評論》二○○四年第四卷第一期指出，臺灣現有的愛國者二型飛彈，對大陸飛彈威脅可說沒有防禦能力。

從發展來看，大陸的飛彈在數量上將可保持優勢，但隨著臺灣飛彈防禦系統的加強，大陸需要更多數量的飛彈。對於反飛彈系統上的弱點，大陸正在通過購買俄羅斯的防空飛彈來填補防空體系中的空白，而在技術上，臺灣因得到美國的技術支援，可能會在短期內彌補其不足，臺灣計劃在二○一○年建成彈道飛彈防禦系統。

第六節　資訊化作戰能力

資訊化戰爭不等於資訊戰，而是包括資訊戰、電子戰、網路戰等，它是泛指將資訊技術應用於作戰。九十年代以來，隨著電腦技術在軍事領域的廣泛應用，世界各國都開始運用資訊技術進行作戰指揮、交戰程序、力量編成、戰法運用等。現代戰爭對 C^4ISR（指揮、控制、通信、電腦、情報、監視、偵察）的重視是資訊化的產物。

　　大陸的資訊化作戰系統起步較晚，但發展迅速。與大陸經濟的跨越式發展戰略相一致，大陸軍方也開始以資訊化作為其軍事現代化的突破口。大陸的民間與軍方刊物對諸如精確制導武器、粒子束武器、微波武器、電子戰能力、隱型技術、電腦病毒戰等進行大量的討論。大陸軍方確定其資訊化作戰系統在最初階段的優先任務是保衛己方資訊化系統，當自己的系統運作成熟以後，將轉入進攻態勢，反制敵方資訊化作戰系統。

　　目前大陸已將資訊化運用於自動化指揮控制，例如，早在一九九七年蘭州軍區指揮部隊演習期間，軍區領導就利用視頻遠端通信會議系統召開會議。又如，北京軍區開發了「戰役訓練（指揮）自動化系統」。但美國認為，中國沒有即時偵察和監視能力，並缺乏在聯合作戰環境中有效指揮和控制軍事力量的能力。大陸顯然在戰術層面上進行過軍種內的聯合演習，但是各軍種並沒有完全組合成一支緊密結合的戰鬥實體，不能被聯合指揮官和參謀機構通過 C^4ISR 系統按聯合作戰計劃進行作戰控制。

　　在電子戰方面，大陸一些作家認為大陸的能力較強。例如，周銳鵬指出：「目前，我陸軍已具備較強的電子偵察與幹擾能力；海軍作戰艦隻具備較強干擾與抗干擾能力；空軍電子戰裝備較完整，電子戰飛機多次揚威空間，空中電子干擾及收集情報能力強。」[68]

　　臺灣國防部認為，大陸軍隊近年積極提升電子戰幹擾、

---

[68]　周銳鵬，「中子彈沈重打擊台獨」，《中國國防報》，二〇〇三年七月十五日頭版。

反制、偵測能力，電子戰能力較台為優，可奪取臺灣制電磁場權。根據臺灣「國防部戰略規劃室」的評估，大陸已經掌握電磁脈衝武器（EMP），能夠在兩小時之內將臺灣軍隊所有電子設備和 C^4ISR 系統悉數摧毀。根據臺灣軍隊設想，大陸只要以飛彈作為投射工具，在臺灣上空五十公里處用三顆電磁炸彈進行高空核爆，就可使臺灣癱瘓。

而美國國防部認為，中國現有電子戰設備包含許多五十至八十年代的產品，因此只有少數幾個部隊裝備了最現代的電子戰設備。中國正在購買最先進的技術，來提高截獲、測向和干擾等能力。北京的無人駕駛飛行器計劃除了可以增強圖像偵察、圖像監視和電子情報收集能力外，還可能會提供改善無線電通訊和雷達干擾機能力的平臺。除此之外，現有的地面站可以被改造對衛星通信實施干擾。

在資訊戰方面，中國處於早期研究階段。武漢的中國人民解放軍通信指揮學院是大陸主要的資訊戰研究中心，該學院建立了大陸第一個資訊戰類比實驗中心，完成了《資訊作戰指揮控制學》、《資訊作戰技術學》、《資訊作戰導論》、《數位化部隊論》等一批理論專著。《武漢晚報》曾於二〇〇一年八月十七日發表「通信指揮學院搶佔資訊作戰制高點紀實」，透露了中國資訊戰的水平。中國的軍方認識到高技術系統是非常複雜的，而且過分依賴資訊系統是高技術系統潛在的缺陷。

大陸先進的衛星技術為大陸資訊化作戰系統的發展提供了方便。大陸已擁有較為完善的衛星系統，有自行發射的代號「北斗」的全球衛星定位系統(GPS)。「北斗」衛星軌道高達三萬六千公里，可使用「北斗」系統進行精確攻擊導引

和戰場指揮。[69] 大陸的偵察衛星可以即時監視臺灣所有的軍艦、飛機甚至坦克的位置，有的衛星甚至還具有探地功能，可測數米以下的地下建築形狀。

不過，大陸在資訊化作戰能力方面有弱點，例如兵員技術素質差，電子戰與指揮系統落後，精確制導武器匱乏。進而大陸對於監視偵察、指揮控制乃至後勤保障，缺乏一套完整的資訊鏈加以整合，各軍種間的資訊無法共用，未能在不同的作戰平臺和作戰單位之間形成聯合戰力。

臺灣軍隊意識到自己的規模無法與大陸相比，因此強調要將軍隊建設為一支資訊化軍隊。信息戰在臺灣被稱為「資訊戰」，臺灣二〇〇二年國防報告書中指出未來建軍方向為「資電先導、遏制超限、聯合制空、制海及地面防衛為主」。臺灣國防部長湯曜明在立法院表示，臺灣軍隊正在積極組建電子戰、資訊戰及特種作戰等專業部隊。臺灣軍隊未來五年軍事投資預定花費六千零五十二億新臺幣，其中資訊戰與電子戰專案為最大宗，占百分之二十八。[70] 可見資訊化作戰系統是臺灣在進行戰爭準備時極為重視的一個環節。臺灣軍方充分利用了西方發達國家的資訊資源，在一九九九年已經成立資訊戰研究機構及制定資訊戰教育計劃，結合軍、政、學、研、產等各方力量，建立整體資訊作戰能力。臺灣軍隊參謀本部鑒於未來資訊戰的重要性，設立「通信電子參謀次長室」。一九九八年四月將「參謀本部通信電子局」與三軍大

69　朱顯龍，「台軍大力發展電子戰反制大陸『北斗』導航衛星」，《國際先驅導報》，二〇〇四年一月九日。

70　朱顯龍，「台軍大力發展電子戰反制大陸『北斗』導航衛星」，《國際先驅導報》，二〇〇四年一月九日。

學電腦兵棋中心合併，成立了「通信電子資訊局」，負責臺灣軍隊的通信、電子、資訊戰等政策與計劃，設在國防部的「資訊戰策略規劃委員會」負責研究整體資訊戰戰略。[71]

許多觀察家認為臺灣軍隊的資訊化作戰能力是亞洲一流的。例如，金一南教授指出，從二十世紀九十年代中期以來，臺灣空軍建立了「強網」、陸軍建立了「陸資」、海軍建立了「大成」系統，這些系統在資訊化領域已經達到比較高的水平。二〇〇二年，臺灣又通過「博勝專案」，將三軍的「強網、大成、陸資」系統整合在一起，通過「博勝系統」分享美國預警衛星的資訊。二〇〇三年臺灣軍隊已經基本完成三軍的 C^4ISR 系統的整合。[72]

臺灣社會的資訊化程度比較高，是互聯網路設施最發達的地區之一，臺灣軍方依據臺灣電腦業發達、對電腦病毒知識極豐富的優勢，頻頻向大陸發動網路戰，力圖穿透大陸軍方情報系統竊取情報和散佈電腦病毒進行幹擾破壞。此外，針對可能遭受的電磁打擊，臺灣軍隊進行了一些相關的預防準備，比如臺灣軍隊「脈護計劃」便是臺灣軍隊為防止電磁脈衝攻擊而制定的防護計劃。而臺灣軍隊新近落成的新國防部大樓所屬的博愛特區，也具有相當的防電磁脈衝能力。

臺灣也在積極發展自己的衛星。臺灣的衛星發展計劃始於一九七九年。李登輝於一九八八年重組太空計劃室，一九九一年出臺「長程計劃」。一九九九年一月，「中華衛星一號」

---

[71] 王宇，「臺灣能打得起資訊戰嗎？」，千龍網，二〇〇二年四月二十八日。

[72] 施為，「專家點評美國防部《中國軍力報告》」，《世界新聞報》二〇〇四年六月十日。

從美國發射升空並進入任務軌道。臺灣正在研製該計劃的第二顆衛星「華衛二號」。此外，美國已經同意向臺灣提供由其「國防支援計劃」(DSP)系列衛星採集的預警資訊。DSP系列衛星是美國現役的彈道飛彈預警衛星系統，目前共有五顆衛星在軌運行，可以監視亞洲、歐洲、大西洋和太平洋地區的飛彈發射活動。這種衛星可以為臺灣提供十五分鐘以上的預警時間。[73]

　　另一方面，為了對抗大陸的衛星系統，臺灣軍隊已經在規劃籌建「反制衛星偵測及通信幹擾 GPS 定位導引武器系統」，將發展全頻段的干擾能力，針對太空的特定衛星進行干擾。臺灣軍隊反制「北斗」衛星導航定位系統，分為「硬殺傷」和「軟殺傷」。前者是直接攻擊導航衛星和地面控制中心，後者主要是進行電子干擾。[74] 另外臺灣還通過購買美國的設備來增強衛星監聽的能力。臺灣軍隊陸海空軍本來都配備了相當的監聽部隊和設備。臺灣立法院國防委員會在二〇〇三年年底審查台國安局的「定遠專案」預算時，通過了國安局採購美國十套衛星監聽截收系統的計劃。該計劃是台美基於情報互享、雙方互惠原則而實行的。

　　雖然臺灣的資訊化系統比較完善，但並非盡善盡美。首先，臺灣資訊戰所依賴的雷達和大型天線等設備大多部署在外島和台島西海岸高山上，目標明顯，位置相對固定且防護能力較弱，便於大陸利用飛彈、飛機實施打擊，或組織特種部隊進行襲擾破壞。當然臺灣還有預警機。但預警機持續值

---

[73] 「臺灣衛星發展計劃揭秘」，華夏經緯網二〇〇二年十二月十九日。

[74] 朱顯龍，「台軍大力發展電子戰反制大陸『北斗』導航衛星」，《國際先驅導報》，二〇〇四年一月九日。

勤時間短，而且預警機雷達作用距離小，一架飛機不足以覆蓋整個臺灣空域。[75]

　　其次，與其他軍事設備一樣，臺灣的軍事資訊系統對外依賴過強。臺灣軍隊目前電子戰的裝備幾乎全是美國貨，從美國對臺灣軍售清單可以看出，包括先進電腦、高性能雷達、偵察與導航、通信聯絡、電子戰、情報收集分析、綜合指揮管制系統等裝備是美國對臺灣軍售的常項。由於對外依賴程度高，戰損後補充、修復困難，持續作戰能力差。戰時在長時間的海空火力打擊下，其消耗的裝備無法得到及時的補充。

　　再次，臺灣軍隊的衛星監測能力目前十分有限。由於臺灣的太空計劃起步太晚、政策搖擺不定，其資訊化系統主要由空中、海上、地面設施組成，缺少自己的空間資源的支援，處理能力有限。由於沒有任何偵察衛星，其遠端資訊偵察能力非常薄弱，這將嚴重地影響臺灣情報保障及通信導航能力的發揮。

　　比較兩岸的資訊化作戰能力可以發現，儘管臺灣的資訊化體系不是十全十美，但臺灣還是比大陸更有優勢。這主要是因為臺灣社會整體的資訊化程度比較高，而臺灣軍隊也比較早就著手建立資訊化作戰系統。在未來的資訊戰中，臺灣可能利用其技術、人才優勢進行網路戰、病毒戰。但由於大陸的資訊化尚在起步階段，目前整個社會對電腦網路的依賴性並不強，所以通過電腦網路進行攻擊的破壞程度是很有限

[75] 淩海劍，「中國軍隊對台新戰略」，香港《信報》，一九九九年八月十六日。

的，況且大陸的關鍵電腦系統均採取「內外有別」、物理隔離的方式建設，所以其攻擊最多只能到達少數週邊的、非關鍵性的站點。[76] 另一方面，大陸也在努力趕上資訊化的時代潮流。臺灣前國防部長唐飛於立法院第四屆第二會期國防委員會提交臺灣國防部所做的兩岸資訊戰戰力比較報告時指出，大陸的資訊戰力到二〇〇五年將對臺灣構成實質威脅。另外，大陸所享有的先發制人的優勢將可在一定程度上抵消其自身的資訊化弱勢，因為大陸可以先行摧毀臺灣軍隊的資訊化系統並進行阻塞性的電子干擾。

第七節　核力量

核技術方面，大陸擁有原子彈、氫彈、中子彈三大類。大陸的核威懾是臺灣方面多少要顧及的，儘管北京歷史上在打常規戰爭時根本不動用核武器，例如，北京在對印度、蘇聯和越南的邊境戰爭中都隻字不提擁有核力量。中國使用核武器的政策是：絕不首先使用核武器，也不會對無核國家使用核武器，更不會對著臺灣同胞。核子攻擊將帶來災難的負面結果。北京自擁有核武器以來一直堅持「不首先使用核武」的國策。不過，北京堅持，中國用什麼方式解決臺灣問題「完全是中國的內政」。北京雖不太可能對臺灣進行核打擊，但其核武器能力至少將影響到美國是否支援臺灣的決定。

美國國防部關於中國軍事實力年度報告認為，中國的核力量與世界大國相比是較小的，目的是用於核報復而不是第

---

[76] 王宇，「臺灣能打得起資訊戰嗎？」，千龍網，二〇〇二年四月二十八日。

一次核打擊。北京的目標是核威懾：讓其潛在敵人明白，中國能在經受核打擊後保有足夠的核武器，對侵略者實施毀壞性核報復。中國已建成十八個洲際彈道飛彈發射井。中國還正在設計新一代公路機動的固體燃料洲際彈道飛彈，這將大大增加洲際彈道飛彈的生存能力。

臺灣的核力量如何呢？臺灣的核武研發始於上世紀六十年代中，當時大陸成功試爆原子彈和氫彈給臺灣很大震動。蔣經國一九六五年接任國防部長後，即秘密地積極發展核武器。六十年代中期，臺灣希望獲得德國西門子公司的反應堆和核燃料再處理工廠設備，因被美國發現而不得不放棄。一九六八年臺灣軍方在桃園成立「中山科學研究院」全力製造核彈。一九六九年，在加拿大核能公司的幫助下，臺灣核能研究所興建了「臺灣研究反應器」。同時還修建了加工天然鈾的工廠等研製核武器的工廠和研究所。七十年代中後期，蔣經國在大力發展和平利用核能的口號下，在高度保密的情況下研製核武器。臺灣用「以民養軍」的手段，在發展民用核能的同時，為發展軍用核能儲存了大批技術力量。七十年代後期，國際原子能機構在檢查臺灣核設施時，就曾發現其「熱實驗室」燒過的燃料池下面，有一個在設計圖上沒有的、用來秘密轉移核原料的暗門。[77]

臺灣前行政院長郝柏村在他的日記中披露，八十年代臺灣曾在屏東九鵬基地進行過小型核彈試爆，中山科學研究院早在八六年已擁有短期內生產核武器的能力。一九八八年元

---

[77] 王衛星，「臺灣秘密研製核武器」，《環球時報》，二○○○年九月二十二日。

月，被美國中央情報局安插潛伏臺灣的核能研究所上校副所長張憲義攜帶機密資料出逃美國，造成台核武計劃流產。一九八八年，在美國的監視下，臺灣拆毀了進行核武實驗的工程。在張憲義事件之後，美國將臺灣所有核電站和反應堆置於國際原子能機構的嚴格管制之下，並且直接負責處理臺灣的核電「廢料」，以便清楚跟蹤臺灣島上每一克金屬鈈的下落，並予以收回。

李登輝一九九五年曾表示要發展核武，後因受到各方壓力而收回，一九九六年九月，李登輝親自主持「興華小組會議」，確定了發展核武的「興華計劃」。一九九八年印巴核子試驗事件後，李登輝下令國防部、中科院成立原子彈指導、研究小組，加速核武評估與研發進程。

陳水扁二○○○年當選後讓國防部長唐飛出任行政院長。後來，軍方背景的唐飛因堅持興建核四而辭職，這恐怕並不是簡單的負責問題，而是透露出先前的國民黨政府和軍方對核武器的眷戀。由核四升一級到核「武」，並不是簡單的數位關係。

目前，民進黨政府雖然持反核立場，無大量製造核武器的計劃，但台官方一再聲稱臺灣軍隊具有研製核武的能力。臺灣行政院原子能委員會核能研究所前所長特別助理王唯科指出，臺灣發展核武的瓶頸是找不到地方一試身手，否則東西做出來，要放在哪裏保存？一些專家透露，憑藉現有的資金、科學家、技術和核工廠，臺灣可以在三四個月內製造出一枚核武器。不過，美國嚴格限制臺灣核武器的發展，以停止向臺灣出售武器迫使台放棄生產核武器。

比較兩岸的核力量可以發現，大陸相對於臺灣擁有絕對

優勢。臺灣雖有核能力，但卻無法把它變成核武器。大陸的核力量雖不會用於臺灣，但對於美國插手台海爭端有威懾作用。另外，中國大陸擁有核武器這一事實本身便在心理上對台獨支持者構成威懾。

小結

　　在比較過大陸與臺灣的各方面軍事情況後，我們可以對兩岸整體的軍事力量作一簡單對比。總的來說，大陸的軍事力量在數量方面高於臺灣。大陸在潛艇、護衛艦、快艇、飛彈巡邏艦、佈雷艦、兩棲登陸艦、戰機方面都多於臺灣，只有在驅逐艦數量方面臺灣可與大陸抗衡。在其他方面大陸則遠遠多於臺灣，數量經常是十比一之差，例如總軍隊人數、炮兵、總海軍和空軍人員、戰鬥機總數、截擊機等。北京還在飛彈、空軍轟炸機、海軍轟炸機和戰機、戰略核武器方面有壟斷性優勢。再加上大陸有龐大的軍工生產基地。

　　然而簡單的數量對比不能得出大陸軍力或戰力強於臺灣的結論。大陸不可能把全國的所有兵力集中於臺灣海峽，那樣會造成其他地區的空虛。總體上看，臺灣軍隊雖然武器裝備數量有限，但質量較高。而且臺灣具有守方優勢，可以用較少的兵力與大陸抗衡。這就是為什麼臺灣軍隊「精進案」規劃於二〇一六年將總員額降至三十四萬，於二〇二二年持續精簡兵力至三十萬。民進黨政策委員會甚至認為，臺灣所需的常備兵力總額以二十五點六萬人為最理想規模。臺灣軍隊在武器更新同時，調整兵力結構，提高官兵待遇，促使戰力不斷增長，使軍隊更加現代化。五十年來，臺灣軍力大大

加強。臺灣前國防部長陳履安表示，臺灣兵力足夠確保臺灣地區的安全。郝柏村也認為，臺灣軍力總量雖不如大陸，進攻固然不足，但確保台澎金馬的安全力量卻綽綽有餘。二○○四年四月一日英國《簡氏防務周刊》編輯瓦坦卡認為，兩岸都在不同程度地更新、發展軍備，軍事平衡還沒有被打破的迹象。美國前國防部長溫伯格認為，臺灣已有充分的防衛能力，而美台間的軍售也已制度化，美國樂見臺灣有足夠的軍事力量來維持台海兩岸均勢。華盛頓認為，大陸如果武力攻台，不能得出必勝的結論。美國太平洋部隊前總司令布萊爾海軍上將認為大陸沒有能力迅速攻佔臺灣，不管美國是否介入。[78]

從未來的發展來看，中國大陸在軍事人員(特別是非戰鬥部隊)和武器裝備的數量方面將進行精簡，而在質量方面則會有持續提高。臺灣也會有相似的進程，但速度可能比大陸慢。西方國家是否會繼續給予臺灣先進武器和科技支援，將影響兩岸軍事實力對比。美國國防部預測，中國相對於臺灣的軍事實力的質量將繼續改善。大陸軍隊將逐漸熟悉新式武器的使用。大陸的海、陸、空和飛彈部隊聯合作戰能力將得到提高。在諸如空中加油、機載預警與控制系統和空中電子戰等方面的能力有望得到更充分的發展。美國國防部二○○三年聲稱大陸將在二○○六年取得對臺灣的軍事優勢。華盛頓國際戰略研究所估計，在未來幾年，大陸傳統軍事能力將增強，大陸將會有進攻臺灣的軍事實力。臺灣方面也認

---

[78] 王健民，「專訪：台海開戰對三方不利」，《亞洲周刊》，二○○○年七月二十八日。

為，在未來五到十年內，臺灣軍隊所具有的「質」的優勢將
逐漸被中國趕上。

第六章　對台動武的時機、模式與時限

對台動武的時機和模式與兩岸的實力對比有著密切的聯繫。對於大陸來說，大陸希望以和平的方式統一，至少目前大陸是不希望打無把握之仗的；但大陸也不希望兩岸的統一被無限期地拖延下去。而武力攻台的模式更是與大陸綜合實力息息相關。面對著大陸綜合實力的不斷增長，台獨的支持者則在盤算著獨立的時機與模式。陳水扁計劃二○○六年修、制憲，二○○八年實施新憲，就是想趁大陸舉辦奧運會及準備世博會之際實現獨立。

第一節　大陸武力攻台的可能時機

大陸攻台的時機要從大陸和臺灣兩方面的情況考察。

首先從大陸方面考察，中國大陸對於解決臺灣問題沒有明確的時間表。中國大陸的基本原則是盡一切努力爭取和平統一，但不允許統一被無限期拖延，也不放棄使用武力來最終解決臺灣問題。中國的基本國策是要集中精力增強綜合實力，為最終解決臺灣問題創造條件。因此，大陸認為目前對台動武的時機還不成熟。大陸目前的工作重點是防獨重於促統，大陸不希望臺灣利用大陸實力不足的時候提前宣佈獨立，破壞大陸的戰略部署。

因此，從大陸的角度講，只有當大陸認為和平統一無望

而大陸已具備充足實力時，才可能對台動武。大陸希望雙方
能坐下來談判，只要雙方都接受一個中國原則，則一切事情
都好商量。如臺灣長期拒絕談判，大陸認為和平統一無望，
大陸就會動武，但是這種可能性十分模糊。我們不知道何時
和平統一無望，此問題與我們下面將要分析的臺灣長時間拖
延統一談判的因素相聯繫。不過從趨勢看，兩岸的三通將會
實現。兩岸雖然一時甚至在很長一段時間內實現不了統一，
但台獨也不可能在短期內實現。

　　從臺灣方面考察，大陸是否攻台會考慮以下因素：1、
臺灣對一個中國原則的態度；2、台獨的發展方向；3、臺灣
發生大的動亂和局勢失控；4、外國干涉；5、臺灣是否發展
核武器；6、臺灣長時期拖延和平統一談判。現就以上因素
分析如下：

1、臺灣對一個中國原則的態度

　　大陸的底線是一個中國原則。江澤民提出兩岸關係八點
主張，第一點就是強調一個中國的原則。其後，大陸在十五
大和十六大報告中表示，要堅持「和平統一、一國兩制」的
基本方針和發展兩岸關係、推進和平統一進程的八項主張，
堅持一個中國的原則，反對分裂，反對台獨，反對製造「兩
個中國」、「一中一台」，反對外國勢力干涉。北京上述的原
則立場相信絕對不會變。

　　北京目前在「一個中國」原則方面的立場其實是內外有
別，在外交上，「一中」就是中華人民共和國；北京歷來堅
持，「一個中國」就是中華人民共和國，而臺灣是中國的一
部分，一個省。例如，在加入 WTO 的問題上，北京的立場

是臺灣必須在「一個中國」的原則下，以其一獨立關稅領域的名義加入世貿，即在中國大陸加入後，臺灣才可以「中國臺北」的名義加入。而在兩岸之間，則是堅持「一中」原則，但對內涵先不討論。關於「一個中國」的原則，北京不再堅持，臺灣方面必須接受北京方面對「一個中國」的定義，以作為兩岸會談的前提。實際上，北京方面從一九八一年「葉九條」迄今，從未在兩岸政治談判中對「一個中國」設定先決條件，要求先承認「臺灣是中國的一個省」等等，或要求兩岸政治談判必須是以中央和地方形式來進行。

在國民黨執政時期，臺灣認為，「一個中國」是中華民國。國統會於一九九二年八月一日通過「關於一個中國的涵義」的文件，明確規定，「一個中國」應指一九一二年成立迄今之中華民國，其主權及於整個中國，但目前之治權，則僅及於台澎金馬，臺灣是中國的一部分，大陸也是中國一部分；並認為，民國三十八年起，中國處於暫時分裂的狀態，由兩個政治實體分治海峽兩岸，乃為客觀事實，任何謀求統一之主張，不能忽視此一事實的存在。在「一個中國」的問題上，臺灣強調的是兩岸為對等政治實體。

北京認為，李登輝自一九九四年起逐漸暴露其台獨本質。他在與日本作家司馬遼太郎談話中宣揚「臺灣人的悲哀」，在國代大會臨時會上宣揚「中華民國在臺灣」的言論，後來又提出「兩國論」。但在國民黨執政期間，由於臺灣維持一個中國的政策，所以大陸沒有武力攻台。

陳水扁首任總統初期，其兩岸政策為確保政治現狀。陳水扁在就職演說中表示將在既有的基礎之上，以善意營造合作的條件，共同來處理未來「一個中國」的問題。然而，陳

水扁在執政後期則拋棄「九二共識」，提出「一邊一國」，推動防衛性公投。實質上陳水扁已經完全站到了一個中國原則的對立面。在他的執政下，臺灣民意也與一個中國原則漸行漸遠。

　　根據九二共識，一個中國的原則實際上指的是「一個中國，各自表述」，即大陸可將一個中國表述為中華人民共和國，臺灣可將一個中國表述為中華民國。現在的陳水扁政府不承認九二共識，不接受一個中國原則，但尚未拋棄中華民國的國號，因此還沒有完全突破大陸的底線。可以預見，一旦臺灣徹底突破大陸的一個中國的底線，那也就是大陸對台動武的時機。

2、台獨的發展方向

　　民進黨是台獨的推動者。大陸最擔心的就是臺灣的獨立，此亦是大陸拒絕保證不使用武力的主要原因之一。大陸出於主權的觀念和歷史責任的考慮是不可能容忍臺灣獨立的，而近年來台獨運動穩步發展，一九九一年二月民進黨「臺灣主權獨立運動委員會」在臺北召開會議，明確宣稱「我國事實主權不及於中國大陸及外蒙古」，要「結合海內外支援此一政治主張的團體，共同推動此一運動」。八月二十五日民進黨召開「全民制憲會議」，通過「臺灣憲法草案」。十月在民進黨五大上，又通過了要求就台獨進行全民公決的行動綱領。

　　陳水扁在首次當選之初，曾作出不會宣佈台獨等「四不一沒有」的承諾，但事態發展表明，他不僅沒有放棄台獨立場，而且不斷以蠶食的手法推行「漸進式的台獨」活動。臺

灣還大量購買先進武器，以武拒統。然而陳水扁在其第一屆任期內尚未宣佈法理上的獨立。在二〇〇四年競選活動中，陳水扁提出了二〇〇六年修/制憲，二〇〇八年實施新憲的台獨時間表。這將把臺灣推向法理上的獨立。如果陳水扁真的這樣做的話，那二〇〇八年便可能是大陸對台宣戰的時機。

3、臺灣是否發生大的動亂和局勢失控

北京認為，中央政府有責任維護各地的治安。如果臺灣發生動亂，大陸有責任維持臺灣的社會穩定。臺灣的鄭浪平認為大陸會在總統大選前動手，就是因為此時臺灣因大選過度動員，社會脫序，軍警將無力他顧。大選將激發各種激進的政治主張，如台獨主張，帶來政黨和族群的衝突，造成臺灣的選舉災難。二〇〇四年「三一九槍擊案」顯示這種可能是存在的。而大陸針對槍擊案後臺灣出現的混亂現象表示大陸不會坐視不管，也顯示臺灣的動亂是大陸武力攻台的時機之一。

4、外國干涉

北京認為，臺灣是中國領土，外國勢力不得染指臺灣。不過外力介入的定義則很模糊，大陸對此沒有明確的說明。大陸把臺灣視為因外國勢力干涉而分裂的領土。大陸在上世紀六十和七十年代曾害怕臺灣與蘇聯結成某種聯盟。一九八五年，鄧曾說，如果臺北倒向莫斯科，大陸就要動武。而有時外力指的是美國或日本。在其他情況下，大陸指的外力介入是指外國軍隊駐軍於臺灣。這也就是為什麼中國在與美國談判建交時堅持要美軍撤出臺灣。在目前的國際局勢下，外國軍隊駐軍於臺灣的可能性很小，更不會有外國入侵臺灣，

因此這一因素應不會招致大陸武力攻台。現在大陸所謂的外國干預實際指的是臺灣問題國際化。大陸認為臺灣的務實外交就是引誘它國插手中國內政，就是為以後的公開獨立作外交準備。臺灣拓展國際空間的活動如果過於強調官方色彩，過於富有刺激性，大陸就會以外國干涉為理由對台動武。一九九五和一九九六年的台海危機便是北京針對李登輝訪美所做的反應。

5、臺灣是否發展核武器

大陸對台動武的另一情況是臺灣決定大力擴張核武器時。臺灣已有製造核武器的能力。如果臺灣決定大力擴張核武器和中長程飛彈，大陸可能會先發制人，以武力攻台。北京指出臺灣的核武器發展計劃「並未停止」，並認為這一動向「值得大陸方面高度重視」。中國在宣佈擁有中子彈及小型戰術核武技術後，對台、美的軍事鬥爭當中的核威懾理論有可能改變。然而，臺灣在美國的監視下現在不大可能有大量製造核武器的計劃。所以現在不太可能發生為遏制臺灣發展核武而進行的武力攻台。

6、臺灣長時期拖延和平統一談判

如果臺灣實行以拖待變的策略，通過和平演變實現和平獨立的話，那也是大陸無法容忍的。但多長的時間才可視為長時間拖延統一談判，則較難判斷。我們可能認為二十年以上為長時間。而他人會認為五到十年為長時間。香港的報刊經常透露大陸解決臺灣問題的時間表。一九九○年九月，香港報紙《南華早報》報導，大陸要在九十年代中期解決臺灣問題。一九九一年八月香港《爭鳴》雜誌透露，鄧小平認為

臺灣問題不能無限期拖延下去，要在三年內實現統一。一九九一年十月，《南華早報》報導，鄧指出，如果國民黨在一九九二年底之前不與大陸談判統一，大陸就要使用武力。據香港《爭鳴》雜誌一九九四年九月報導，大陸中央軍委副主席劉華清宣稱，大陸完全能夠以最低代價完成統一大業，最遠的期限是二○○九年。然而事實的發展證明，這些傳言除了最新的預言還無法證實外，其他全部落空。長期以來，在大陸內部以及海外華僑中，都有一種呼聲，要求制定「國家統一法」，以限制統一被無限期拖延。但大陸一直未採取具體行動。可見，大陸不會給自己定一個死的時間表。由於統一問題被鄧小平規定為未來的政治任務，所以大陸沒有統一的時間表。在某種程度上說，大陸有時透露出時間表是旨在給臺灣施加心理壓力，以使臺灣早日和大陸和談，而更多的時間表的傳言則是媒體的傑作。

　　總之，從大陸的實際反應來看，除了台獨必打以外，其他的可能不是不足以招致北京動武，就是這種因素沒有現實發生的可能性。大陸統一的願望還沒有強到要立即收復臺灣的程度，臺灣島上的台獨運動也還沒有造成法理上的臺灣獨立。因此，大陸目前還沒有必要立即以武力統一臺灣。

第二節　大陸武力攻台的可能模式

　　假使大陸武力攻台，它可以有以下幾種模式：1、演習與武器的試用；2、特種部隊滲透；3、炮轟金門、馬祖；4、奪取金門、馬祖；5、繞過金馬攻佔澎湖；6、以武裝漁船包圍臺灣；7、封鎖臺灣海峽或臺灣本島；8、突然的飛彈襲擊；

9、全面摧毀臺灣經濟；10、摧毀臺灣的海空軍力量；11、兩棲登陸；12、核威懾。當然，大陸可以從以上模式中選出幾種加以綜合利用。

1、演習與武器的試用

演習與武器的試用可屬於使用武力的一種方式。演習和武器試用既可以看成是常規訓練，也可以看成是對台施加軍事壓力的一種形式。例如大陸在東山島的演習，如果大陸把它說成是常規訓練的話，它對臺灣內部就不會有太大影響。如果大陸把它說成是針對臺灣的演習的話，它就必然對臺灣內部造成震動。武器的試用也是一樣，一九九五和一九九六年間大陸在臺灣近海所進行的飛彈試射就對臺灣造成很大震撼。

第一模式是對台維持比較小的壓力，如果使用這種模式，大陸比較容易控制兩岸緊張的程度，第二模式有可能假戲真做，將演習或試射變成對台的突然襲擊。

2、特種部隊滲透

這是藉平民或特種部隊所進行的前線滲透和後方破壞等，其主要目的是為製造政治不安。有觀察家指出，大陸可大量招募語言及生活習慣與臺灣近似的福建省出身的優秀特種兵人員。大陸特工部隊可通過臺灣的漁船走私船或其他秘密方式分期分批潛入臺灣。特工部隊人員分文武兩職，文職的主要是利用島內各種矛盾製造混亂，武職的則要適當偵查隱藏的軍火庫、倉庫、電廠、油庫等目標，並伺機破壞。[79]

---

[79] 平大峽，「以毒攻獨之扼殺撕裂篇」，《楓華園》，二〇〇四年。

　　臺灣內部對這一模式有過不少討論。鄭浪平認為大陸會先以第五縱隊滲透來作內應，最後才派兵佔領臺灣。他認為，大陸若採取這個模式，就會設法收買臺灣島內的同謀者。這些人不僅可能是外省人，也可能是臺灣人。大陸可能以未來臺灣行政區域的高級職務或經濟好處來利誘臺灣人作內應，為了使其同謀在臺灣更易於說服臺灣民眾接受統一，大陸很可能更傾向於找本土人作內應。

　　臺灣「國防政策與戰略研究學會」沈明室認為，大陸可能結合「軍事」、「非軍事」、「超軍事」手段相互組合的方式，針對臺灣領導階層進行斷頭策略，以癱瘓政治軍事領導階層。臺灣政治作戰學校蔡政廷認為，大陸可能對臺灣實施結合超限戰與特攻突擊的精準打擊點穴戰。臺灣情治單位對於可能的大陸潛伏人員十分擔心。他們在追蹤中國到底已經有多少人員潛伏在臺灣。他們懷疑劫機赴台分子中會有受過訓練的中國諜報人員。臺灣軍方認為，中國頻頻以劫機手法以不同航向、不同航高及不同時間進入臺灣，是大陸以非正式手段的攻台方式之一。此外臺灣拒絕開放兩岸旅遊觀光，理由是害怕中國大陸假觀光之名而行滲透之實。

　　滲透方式的特點在於不會在臺灣造成大規模的流血和暴力，也不會招致美國的干涉。特種戰可以使中國在臺灣作戰系統內部發動毀滅性攻擊，同時避免正面衝突。它也不需要大陸軍隊的大規模動員。觀察家認為，大陸有能力派遣特種部隊，而且肯定有贊同統一的臺灣人願意與大陸呼應，但這種模式沒有百分之百成功的把握。

3、炮轟金門、馬祖

　　炮轟金門、馬祖的模式在很大程度上會是一種象徵性的

行動。目的不在殺傷敵軍，炮擊的時間間隔較長，主要仍在展示決心，施加壓力。它是用於警告臺灣不要在台獨的路上走得太遠。大陸如用此模式就能以最小的代價造成最大的威懾。這儘管不會造成臺灣本島的破壞，但會改變島內政治力量對比，造成臺灣的心理壓力，影響島內的資源配置。如果炮轟金馬是作為武力攻台的前奏的話，那麼大陸就要準備由此而帶來的戰爭升級的結果。美國會出售給臺灣先進武器，大陸與美國的關係將出現危機，大陸東南部經濟會受到影響，同時，炮轟金馬不能達到大陸要統一的政治目的。

4、奪取金門、馬祖

奪取金門、馬祖的模式可能會被大陸用來消滅臺灣軍隊的部分有生力量。這一模式是對這兩個島嶼發動大規模炮擊，炮擊間隔極短，落彈密度大，進行戰術目標的摧毀與人員殺傷，然後佔領它們。它可以起到圍點打援的作用。大陸出版的《中國軍隊能否打贏下一場戰爭》認為，武力收復臺灣的第一仗要從金門開始。由於大陸不想對臺灣進行破壞性收復，戰爭的主戰場不會在臺灣本島，打掉金馬可以為大陸武力攻取臺灣本島解除後顧之憂。大陸雖然有能力武力奪取金馬，但其自身將有很大傷亡，因為臺灣在金馬有堅固的防禦。臺灣也會迅速補給外島，這將造成一九五〇年代金門危機的重演。美國海軍也許會為臺灣船隻護航，直達這些外島的邊緣。大陸原本是不會為這些小島而與美國衝突的，但武力奪取金馬也可能使衝突升級，大陸需要調動更多的海空軍力量來應付臺灣的反攻。

5、繞過金馬攻佔澎湖

　　大陸也可能會繞過有高密度防衛火力的金馬去攻佔澎湖。施琅便是首先以武力攻佔澎湖，然後兵不血刃獲取臺灣的。澎湖有大小六十四個島嶼，臺灣軍隊只在主島駐軍，許多小島常常有大陸漁民上岸。攻佔這些小島對於大陸來說比較容易。大陸進攻可以止於澎湖，也可以澎湖為跳板攻擊臺灣本島。此一模式可以使大陸減少在金馬的消耗，而攻佔澎湖又較攻打臺灣為易。如能佔領澎湖，大陸還可顯示，儘管澎湖離臺灣很近，但它也和臺灣一樣屬於中國的一部分。澎湖的陷落也許會比金馬的陷落對臺灣的士氣造成更大的打擊。大陸搶佔澎湖島後，臺灣本部的防禦猶如撕開一塊大決口，或是被打入一個木楔。因為從澎湖進兵臺灣本島，海軍不到兩個小時，空軍不超過十分鐘，陸軍的遠端大炮可打到臺灣島西部海灘，掩護登陸部隊。失去澎湖島，臺灣將失去戰略屏障和運輸生命線。[80] 但在此模式下，金馬會牽制大陸的行動，臺灣本島也會就近馳援。

6、以武裝漁船包圍臺灣

　　大陸武力攻台的進一步行動會是使用武裝漁船包圍臺灣向臺灣示威。在此模式下，大陸調動大批武裝漁船在臺灣海峽流動，臺灣所有的海岸都將有大陸的武裝民兵。屆時臺灣海峽成為民船和漁船的會師場所，如果臺灣海軍攻擊或拘留這些漁船，大陸就以護漁為理由使用武力。臺灣相信，近

---

[80]　朱顯龍，「大陸學者稱若台海戰事爆發臺灣最多支撐兩周」，《海峽都市報》，二〇〇三年十一月二十八日。

年來進入臺灣海域的許多漁船都是大陸海軍駕駛的，這種方式會給臺灣帶來很大困擾。實際上，大陸的任何軍事行動都會在臺灣引起喧然大波，造成臺灣的心理壓力。

7、封鎖臺灣海峽或臺灣本島

中國可以從海上和空中對臺灣實行禁運，封鎖臺灣的模式是較有可能運用的。這是因為，首先，此一模式有不戰而屈人之兵的效果；其次，它是一種進可攻退可守的策略；再次，它可減少流血；第四，從技術上講，封鎖可被看成是對臺灣實行海上隔離檢查。從國際法上講，海上檢查不是戰爭行為，可以儘量避免外國的軍事干涉。另外大陸也具備封鎖的能力，其主要的封鎖工具將是潛艇和佈雷艇。大陸潛艇多於臺灣，並有一百三十艘佈雷戰鬥艦。大陸海軍可散佈一萬五千個海雷，這可有效封鎖臺灣可數的幾個港口。加上主力艦、戰機配合，大陸有相當實力封鎖臺灣。除非有外國干預，大陸在艦艇數量方面的優勢可以保證對台封鎖的持久。大陸比較欠缺的方面是沒有一支遠航部隊和供給船隻為長時間遠離母港的海軍提供後勤保障。

外貿被稱為臺灣經濟的生命線。臺灣經濟對外貿的依賴度(外貿總值占 GDP 的比例)一直很高，臺灣有百分之四十的國民生產毛額來自外貿。臺灣生產的產品，需要通過大量出口才能實現其價值與維持島內的生產活動。如果台海戰爭爆發，海運被封鎖，支撐經濟發展的外貿必將嚴重受挫，許多工業生產部門就會停產倒閉，整體經濟就會面臨巨大衝擊。如大陸封鎖臺灣，還會對外來投資、國內人力和資金流向造成很大影響。封鎖帶來的經濟困難將導致島內統獨之爭的激

化，造成臺灣社會的混亂。

　　大陸有三種程度的封鎖可供選擇。一種是宣而不封，即大陸向世界發表官方聲明，宣佈臺灣海域為內戰區，對外和對台宣佈實行封鎖，而實際上並沒有動作，這種方式雖不足以迫使臺灣與大陸和談，卻足以造成臺灣島內的驚慌。外國商船會因保險費的上升和可能的損失而不願進臺灣港口，因為根據國際法案例，在內戰區內遭擊毀的飛機船隻交戰雙方均不負責。

　　第二種是有限封鎖或低度封鎖，即僅局部封鎖臺灣個別港口或南海地區。禁止懸掛臺灣旗幟的商船在臺灣海峽作業。臺灣百分之九十五的能源需由外國進口，即使只是局部短暫性的能源進口中斷也會給臺灣帶來嚴重影響。能源進口一旦中斷，臺灣馬上面臨能源配給，帶來臺灣的內部安定問題。南海地區是臺灣運油船密集經過之地，且遠在臺灣海空軍護航範圍之外，大陸若在此區盤查、攔阻油輪，臺灣反封鎖的成功機會極微。這種動用有限兵力，力避流血衝突，進而以戰逼和，是最有效的戰術行為。大陸若採取低度封鎖，臺灣民眾會指責政府無力護航。

　　第三種是全面封鎖。大陸將以武力封鎖臺灣的所有港口，阻止所有船隻的進出，打擊臺灣軍隊的士氣和後勤；如臺灣軍隊護航，大陸海軍將攻擊護航艦隻。全面封鎖會對臺灣有很大震動。封鎖可以癱瘓臺灣的經濟。對臺灣海峽封鎖可藉不流血、安全的手段，創造解決臺灣問題的政治和經濟籌碼。

　　大陸能否使臺灣屈服將取決於封鎖的效果，而封鎖的效果取決於如下因素：

　　第一，臺灣的儲備。臺灣在食品方面基本可以自給，關鍵資源如石油等有至少二個月的儲備，在採取戰時節約措施的情況下臺灣軍隊也許可以維持半年的運作，如果大陸對臺灣的海空封鎖可以超出半年，臺灣軍隊不攻自破。

　　第二，大陸的供應力。對大陸來說，要維持長時間的封鎖就要動員巨大的人力和物力。臺灣的反封鎖戰也會給大陸造成一定的代價。台在實施反封鎖作戰時，制定所謂疏散機動、防空掃雷、反潛攻潛、襲擾佈雷等措施，封鎖戰也會造成大陸本身的經濟利益損失。此外，它所費的時間長，在封鎖期間有可能發生其他意想不到的變故。

　　第三，海峽兩岸的執政者的意志力，和兩岸民眾對封鎖的態度。在這方面大陸朝野上下的共識會大於臺灣，隨著封鎖的延長，臺灣內部有可能發生內亂。

　　第四，臺灣通過東岸港口補給的能力。由於臺灣東岸距大陸較遠，大陸要徹底封鎖臺灣東岸有一定難度，一部分物資有可能運到東岸港口，但由於東岸港口比較閉塞，受中央山脈的阻隔，物資如何運到需要補給的臺灣西部則是個問題。

　　第五，大陸空軍攻擊臺灣東岸港口的能力。空中禁運難度較大，因為臺灣空軍是在本土作戰，而大陸空軍要在幾乎超出燃料供應範圍的地方阻止向臺灣運送貨物。

　　第六，大陸核潛艇打擊臺灣護航艦隊的能力和臺灣的反潛能力。

　　第七，大陸對戰爭升級的準備程度。大陸如以潛艇封鎖臺灣，臺灣就會對這些潛艇進行攻擊。大陸就會出動水面艦和空軍來配合作戰。而臺灣也會對這些海空力量及其基地進

行攻擊。在臺灣採反封鎖作戰措施後，武力衝突升級在所難免。即使是有限的封鎖，也可能很快升級為全面戰爭。所以，大陸在實行封鎖之前，肯定會首先加強其在臺灣海峽的海空軍力量。

第八，國際反應。對大陸來說，採取封鎖戰的最大不利因素是國際會有強烈反應。從商業利益出發，美國、日本、歐盟會反對大陸的封鎖。因為臺灣海峽和巴士海峽是東北亞和東南亞之間及太平洋和印度洋之間國際海運交通的通道。封鎖臺灣將影響此一地區的貿易。在當今國際貿易相互依賴的情況下，封鎖臺灣不僅僅是對臺灣造成影響，也會損害許多其他國家的利益。

8、突然的飛彈襲擊

從程度上看，對台的飛彈襲擊可分為小規模與大規模的飛彈攻擊。小規模的飛彈襲擊只針對特定的目標，而大規模的襲擊則全面摧毀臺灣軍事、經濟及政治目標。

飛彈攻勢對臺灣威脅最大。大陸可用飛彈攻擊臺灣的電廠、水庫、煉油廠、機場、車站、電視臺和軍事基地。由於臺灣人口密度高並且集中於大城市，無論大陸如何努力提高飛彈的打擊精確度，都無法避免對平民的傷害。飛彈轟炸還將導致臺灣交通癱瘓。

大陸突然的飛彈襲擊的可能已日益引起臺灣的注意。萬一爆發台海軍事衝突，大陸的策略是速戰速決，包括採取「斬首」策略，針對臺灣的政治和軍事領導人下手。其主要目標將是瓦解臺灣的意志力，防止美國干預，讓臺北和華盛頓接受既成事實，迫使臺灣在外援到達前，不得不依照北京的條

件談判。大陸可能不會像八二三炮戰那樣打幾個月，否則國際會有強烈反應。在二〇〇四年的「漢光二十」號演習中，臺灣軍隊首度以北京發動「斬首行動」，突擊臺北重地——「博愛特區」為作戰模式，對臺灣軍隊如何持續作戰進行操演。

美國對伊拉克的戰爭給大陸很大觸動。波斯灣戰爭後，大陸軍事將領調動和軍隊的現代化努力都是以進行一場現代化快速的外科手術式戰爭為目標的。一九九八年的科索沃戰爭是在沒有前線部隊接觸情況下，靠著後方打擊直接擊敗對手的典範式戰爭。這種現代化戰爭是一種精確快速的作戰方式，在高科技武器以及精銳部隊的先發攻擊下，運用量少質優的兵力以及精確高破壞力的火力，直接攻擊敵方指揮以及後勤體系中樞，在迅速而且低傷亡的方式下贏得戰爭的勝利。

臺灣三軍大學教官姜朝宗認為，大陸有發動閃電奇襲的能力。大陸在策略上會以低強度軍事行動逼和，在戰略上會讓我經濟和社會失序。作戰方式以夜襲、突襲最有可能。現代的飛彈襲擊具有準確性高、破壞性大、己方傷亡低的特點。大陸有能力從海陸空同時發動飛彈攻擊，大陸飛彈的準確性欠佳，但正在得到改善，其質量的改善和數量的增加正對臺灣造成日益嚴重的威脅。不過，大陸目前還未在臺灣的對岸佈置足夠的飛彈。

9、全面摧毀臺灣經濟

此一模式的目的是要打爛臺灣經濟設施。戰爭一旦開始，大陸除了大規模對臺灣軍事目標轟炸外還會對經濟目標

進行破壞。在炸毀臺灣軍隊主要軍事基地、機場、彈藥庫、兵營、軍隊集結地後，大規模地轟炸電廠、水廠、倉庫、糧庫、油罐區。同時摧毀臺灣的煉鋼廠、造船廠、化工廠、電話局及骨幹半導體工業區。民用機場、大型民航機、鐵路樞紐、公路橋梁也將是轟炸目標。轟炸的結果就是要徹底破壞臺灣的經濟。打擊經濟目標的主要目的是破壞工業設備和儲存的物資，與向居民區或商業區扔炸彈不同，打擊經濟目標並不直接殺傷臺灣民眾。但當臺灣的燃料食品等基本資源緊張時，臺灣軍隊就不得不與民爭油爭電爭水爭糧以便維護戰鬥力。

　　長期打而不登，造成臺灣守軍精神高度緊張。美軍在過去五十多年對臺灣防衛重點是確保臺灣不淪陷，也就是說，美軍的重點在於支援台抵抗大陸搶灘登島。正是由於美軍認為只要臺灣不陷落，就能牽制中國大陸，所以在大陸發動大規模登島攻勢前，美軍直接介入的可能性不大。在此模式下，由於大陸不搶灘登島，因此大陸不必為突破臺灣軍隊經營五十多年的堅固防線而付出傷亡，同時與美軍的直接衝突機會也大大減小。但這一模式將使臺灣民眾承受較大戰爭痛苦。[81]

10、摧毀臺灣的海空軍力量

　　摧毀臺灣的海空軍力量是大陸武力攻台的一個重要模式。無論是要封鎖臺灣還是要在臺灣登陸，大陸都得首先摧毀臺灣的海空軍力量。如果大陸不想對臺灣進行破壞性收復，戰爭的主戰場可能是在離島不遠的海上，例如在澎湖列

---

[81]　平大峽，「以毒攻獨之扼殺撕裂篇」，《楓華園》，二○○四年。

島附近的海域。而要摧毀臺灣的海空軍力量，這對於大陸軍隊來說是個艱巨的任務。西方分析家認為，大陸要爭取到臺灣海峽的制空權，要損失五百架飛機。臺灣軍方認為，大陸要想摧毀臺灣的空防就要動用四千架飛機，而每架飛機只能執行四次任務。由於「佳山計劃」的完成，大陸要想消滅臺灣的空軍於地面就更難了。至於海軍，大陸眾多的小型飛彈快艇對臺灣的反應較慢的驅逐艦和護衛艦構成一定威脅。大陸潛艇的威脅要比水面艦大，因為臺灣的反潛能力有限。臺灣軍艦的空防能力也有待提高。由於雙方都沒有先進的電子防禦系統，所以海戰和飛彈戰在很大程度上取決於艦艇和飛彈的數量。在數量上大陸佔有優勢，大陸有能力通過數量的優勢摧毀臺灣的海空軍力量。如果戰爭發展到這個地步，臺灣能否頂住大陸的攻擊就要看臺灣是否能迅速補充戰機戰艦，或得到美國和國際社會的直接軍事支援。

從目前的情況看，大陸還沒有進行摧毀臺灣的海空軍力量的準備。要想摧毀臺灣的海空軍力量，大陸就要大批調集自己的海空軍力量到臺灣海峽。在蘇聯的「北方威脅」解除後，大陸並未將裝備有先進的海軍裝備的北海艦隊大規模南調。目前臺灣對面的軍事力量還不足以對臺灣發動海空襲擊。而如果大陸進行大規模部署，臺灣就會作相應的動員準備，可以預見兩岸的海空大戰將是一場十分慘烈的戰役。

11、兩棲登陸

如果大陸要想全面佔領臺灣，戰爭的勝負最終將取決於地面戰。在這一模式下，大陸將動用所有的運輸工具將儘量多的兵力送到臺灣，同時動用空降部隊和特種中隊攻擊臺灣

後方沿岸地區的防禦陣地，並佔領鄰近機場的港口。奪取灘頭堡將加強後續的助攻威力，空降部隊形成的包圍區域，將切斷臺灣沿岸地區防衛部隊的補給線，使守軍腹背受敵。正面開進的兩棲部隊，除搭乘登陸艦外，還可徵集沿岸的民船和商船，臺灣西海岸多為淺灘水域，不利大型戰艦停泊，但有利小型船隻進行全線搶灘登陸。這些船隻一方面可以搭乘登陸部隊，另外，也可能分佈在臺灣海峽，干擾臺灣的偵察、搜索能力。大陸沿海地區與內河地區的民船、商船有數十萬之多，可以在較短的時間內集結和投入登陸作戰。[82]

　　兩棲登陸模式如果能夠成功，大陸便可以徹底解決臺灣問題，但這也是大陸最難以實施的模式。執行此一模式的困難在於大陸兩棲登陸的能力有限，這也是大陸近年來強調建造登陸艦艇和注重多兵種協調作戰的原因。大陸要在臺灣登陸至少需要四十個師。二戰時美國曾估計，要打敗臺灣島上的三萬二千名日本軍隊，美國就需要出動三十萬的軍隊。臺灣現有二十七萬的常備陸軍和三萬的海軍，以三比一的比例計算，大陸要出動九十萬的軍隊。此外，大陸還得考慮臺灣一百萬的後備力量。大陸約有五十八艘大型登陸艇和四百餘艘小型登陸艇。這些艦艇雖可以把三萬多軍隊和四百輛輕型坦克運送到幾百公里遠的地方，但卻不足以載運足夠的軍隊登陸臺灣，如果大陸動用所有的造船廠來建造兩棲登陸艇，它大約需要八年時間才能完成攻台所需的數量。此外，大陸陸軍也有問題。它的機械化程度較低，後勤較差，指揮控制

---

[82] 朱顯龍，「大陸學者稱若台海戰事爆發臺灣最多支撐兩周」，《海峽都市報》，二〇〇三年十一月二十八日。

系統較弱。要應付局部戰爭，輕武器起重要作用。大陸在微型武器和輕型武器方面比較落後。臺灣易守難攻的地形也會給大陸陸軍造成困難。臺灣五十年來已經修築了永久性的岸防體系，大陸登陸作戰將造成雙方的重大傷亡。美國軍方認為，中國如果要攻佔臺灣，就需要實現對臺灣海峽及臺灣本土的空中和海上絕對優勢，然後迅速運送百萬大軍到臺灣投入地面戰，而目前大陸沒有這種作戰經驗。

12、核威懾

動用化學、生物、細菌或核子武器的攻台模式基本上沒有可能發生，儘管大陸具備這方面的實力，而臺灣在這方面很弱。大陸放棄這一模式的原因在於，收復臺灣是民族戰爭，不應造成中國人大規模的死亡，保存臺灣的人力物力將有助於統一之後的經濟發展。但這並不是說核武器在對台作戰時沒有任何意義，它主要是一種威懾力量。如果美國試圖干預大陸的統一戰爭，它就必須考慮戰爭升級的後果及大陸擁有核武器這一事實。大陸的核優勢也會對台獨支持者產生心理威懾。

如前所述，大陸可能從以上模式中選出幾種加以綜合利用。日本產經新聞報導的一份大陸機密文件透露，大陸對台作戰的四步驟是，1、對以海空為主體的臺灣兵力封鎖，2、佔領靠近大陸的金門和馬祖，3、佔領臺灣西部海面的澎湖島，4、對臺灣本島的轟炸和強襲登陸。第一階段的執行，必須投入飛彈部隊，擊毀各類船舶和飛機。第二階段進攻金馬，使用的武力包括炮轟、轟炸，徹底的破壞地下要塞，最

後再施加飛彈的攻擊。第三階段進攻澎湖，要出動三千架飛機，殲滅臺灣海空軍的主力。第四階段進攻臺灣本島，除強行登陸外，還會派空降部隊攻擊臺灣的大後方。

鄭浪平預計大陸的攻台模式為，大陸先以外交孤立、內部分化、鬆懈備戰心理等運作從事攻台準備；以系統性崩解為主要手段，第五縱隊的內應，飛彈空襲和大軍空降的外合來快速攻取臺灣。這是借鑒波斯灣戰爭而設計的一種模式。

世界各地的台海觀察家還曾分析過大陸武力攻台其他不同的組合。但可以看出，無論哪種組合都不外是從上述十二種模式中選取可用的模式並加以整合。但我們要注意的是，攻台模式的選擇將受制於戰爭規模和時限的制約。這就是我們最後一節要探討的問題。

第三節　戰爭的規模和時限

總的來說，大陸設計武力攻台不同的組合模式，首先要考慮戰爭的規模和時限。而在決定戰爭的規模和時限時則必須考慮兩岸綜合實力的對比。在規模上，大陸有大規模與小規模戰爭的選擇。一種方案是進行大規模全面戰爭，要發動大規模戰爭，大陸必須要具備充足的綜合實力。此方案可以對臺灣經濟造成嚴重破壞，也可能能贏得這場戰爭，但是其不利之處在於臺灣將對大陸的現代化無法做出任何的貢獻。大陸要傾全力而出，經濟建設將受到影響。此外大規模動武會招致美國的干涉，而大陸的軍力難於與美國對抗。

大陸也可能選擇小規模戰爭。如炮轟金門、封鎖戰、打而不登等，都是小規模的戰爭。小規模的戰爭不需要絕對優

勢的綜合實力，其雖不能奪取和佔領臺灣，但可能達到政治目的。例如，假如臺灣宣佈獨立，大陸可以通過封鎖戰來迫使其回到一個中國的原則上來。當然小規模戰爭有轉變為大規模戰爭的可能。據估計，大陸的目標應是既要減少對臺灣經濟的破壞和防止美國的干涉，又要促使臺灣接受統一或至少維持現狀。

在時限上，大陸有節節升高式的長期戰爭與突襲式的短期戰爭的選擇。節節升高式的長期戰爭有較大的心戰效果，也有較大的迴旋餘地，在打到一定程度或階段時或撤兵或坐下來談判或停停打打。這樣大陸還能逐漸測試出臺灣的虛實，但這種戰爭時間拖延太久，易生變數。

突襲式的短期戰爭就比較乾淨利落。海灣戰爭之後，大陸軍事戰略與戰術發生調整，強調高科技作戰與速戰速決。這種模式需要高科技和武器裝備都佔有優勢。但這方面大陸還比較落後，加之這種現代的作戰模式需要有聯合作戰的經驗與技巧，其風險大，破壞也大。如果一時攻不下臺灣，短期戰爭就會變成始料所不及的長期戰爭。因此我們估計，大陸會隨著形勢的發展，設計出適應不同情況的作戰組合模式。

結 論

　　本書對兩岸的綜合實力進行了粗線條的定性分析。本書希望拋磚引玉，所以還有許多課題有待研究，如綜合實力中的一些因素屬於潛在實力，如何將潛力變為現實的實力則有待研究。筆者希望關心兩岸的學者能就兩岸綜合實力的對比做更深入的和持續的研究。不過，通過本書的初步研究，我們已經可以對兩岸綜合實力的對比做出基本判斷。

　　通過對兩岸關係歷史的探討，我們認識到，實力之於兩岸是絕對重要的。如果大陸在國民黨退守臺灣之初就有渡海作戰的實力的話，那臺灣問題也就不會拖到現在。反過來講，大陸到現在還沒有解決臺灣問題，顯示大陸的綜合實力還不夠強大，而臺灣仍有足夠的實力與大陸相抗衡。

　　在地理、能源與人口方面，大陸相對於臺灣具有明顯優勢。中國大陸的面積之大和人口之多都是臺灣所無法比擬的。然而臺灣海峽的存在增加了大陸統一的難度，而大陸在人口方面的優勢也因這條海峽的存在而相應減低，因為大陸難於在同一時間將大量的兵員運過海峽去作戰。在能源方面，由於大陸擁有一定的資源，而臺灣基本上完全靠進口，因此大陸的情況要比臺灣好得多。但在戰時，美國將招斷大陸的海上石油運輸線，而隨著中國對石油進口依賴性的增強，大陸在戰時的能源供給會比較緊張。所以大陸正著手建立戰略石油儲備。然而，建立充足的戰略石油儲備需要較長的時間，而臺灣則已經有了很完備的戰略石油儲備體系。

　　在經濟方面，兩岸各有優勢。臺灣的人均 GDP 遠遠高

於大陸，但大陸的整體 GDP 以及增長率則遠遠高於臺灣。從整體發展水平來看，中國大陸處於從低等向中等發達程度的過渡期間，而臺灣處於從中等向高等發達程度的過渡期間。從對兩岸經濟發展的預測對比中，我們可以得出時間是在大陸一邊的結論。因此，短期內避免戰爭對大陸是有利的，大陸爭取到的和平時間越長，大陸積累的經濟實力就會越大，屆時解決臺灣問題的條件就越充分。

在外交方面，大陸的邦交國遠遠多於臺灣，又是聯合國安理會的成員國，因此，大陸的外交實力強於臺灣。然而，當大陸要統一臺灣時，卻會受到美國和日本等國的阻撓，因為美日等國出於其自身利益，不希望中國統一，而是希望臺灣永遠成為他們手中的棋子，牽制中國的崛起。

在軍事方面，兩岸也是各有優勢。大陸在兵員和武器裝備上有數量優勢，而臺灣則擁有質量優勢。北京在飛彈、空軍轟炸機、海軍轟炸機和戰機、戰略核武器方面有明顯優勢，但兩棲登陸的能力有待發展。臺灣則在資訊化作戰方面程度較高。從未來軍事實力的發展趨勢來看，由於中國有自己的龐大的軍工生產基地，大陸軍力的發展後勁較足。而臺灣則主要是依賴進口，這樣它確實可以較快得到足以與大陸相抗衡的先進武器。因此兩岸的軍力均勢在短期內將無法被打破。

綜合以上各因素可以看出，大陸的綜合實力稍強於臺灣，但是優勢並不很大。以目前的這種優勢，大陸要以武力攻台還有一定困難。因為作為進攻的一方，只有在其實力數倍於守方的情況下才有必勝的把握。不過從發展的角度講，如果不出意外的話，大陸綜合實力的增長速度將快於臺灣。

　　當然，綜合實力是否足夠是與武力攻台的時機與模式相聯繫的。如果臺灣在一兩年內就宣佈獨立，大陸就會立即攻打臺灣。但是預計大陸能夠通過經濟、外交、法律、軍事壓力等手法遏制台獨，以為中國綜合實力的增長爭取到更多時間。另一方面，大陸有幾種軍事打擊的模式供選擇。目前大陸的實力要打一場中小規模的戰爭是足夠的，而這樣一種中小規模的戰爭可能已經足以迫使臺灣政府回到一個中國的原則上來，但卻不足以使臺灣接受統一。如要徹底攻佔臺灣，大陸還需要有更強大的綜合實力。

　　我們希望中國大陸和平崛起，台海能夠維持和平。近來人們常說，二十一世紀是華人的世紀，但是，在兩岸經濟文化關係日益密切的同時，兩岸的政治關係卻止步不前。這種情形影響兩岸經濟的穩定發展，為二十一世紀中華民族的崛起投下陰影。我們希望兩岸適應形勢所需，適時談判，進一步改善關係對雙方有利，但對臺灣更有利。兩岸武力衝突的潛在危險使兩岸有必要坐下來認真地談一談。要化解兩岸關係的危機，一般性的事務性談判於事無補，雙方應展開更高層、更直接的政治接觸與對話，這雖然是大陸方面的觀點，卻也確實是形勢所需。

　　目前大陸主要的對台努力仍是以經貿和外交手段為主。大陸堅持一個中國的原則不會變，爭取和平解決臺灣問題的政策不會變。在此大原則下，大陸是有可能根據局勢的變化調整具體的對台政策。畢竟大陸的最終目的是要實現統一，而以什麼方式實行則是次要問題。所以，大陸對台政策將一如既往。大陸目前對臺灣是防獨重於促統，不急於在短期內解決問題。筆者的感覺是，只要臺灣無法獨立，所謂的

臺灣問題對臺北所造成的困擾大於對北京的困擾。這一點已
多次為臺灣定期發生的族群和國家定位之爭所證實。隨著大
陸綜合實力的不斷增強,臺灣手上的籌碼將不斷減少。但我
們不希望兩岸因相對實力的變化而發生戰爭,我們希望兩岸
能夠智慧地達成某種妥協方案,創造雙贏。

國家圖書館出版品預行編目

台海兩岸綜合實力對比及預測 / 郝望著. -- 一版
臺北市：秀威資訊科技, 2005 [民 94]
面 ； 公分. -- 參考書目：面
ISBN 978-986-7263-39-1（平裝）
1. 兩岸關係

573.09 94009633

 社會科學類 AF0021

台海兩岸-綜合實力對比及預測

作　　者 / 郝望
發 行 人 / 宋政坤
執行編輯 / 李坤城
圖文排版 / 劉逸倩
封面設計 / 羅季芬
數位轉譯 / 徐真玉　沈裕閔
圖書銷售 / 林怡君
網路服務 / 徐國晉
出版印製 / 秀威資訊科技股份有限公司
　　　　　台北市內湖區瑞光路 583 巷 25 號 1 樓
　　　　　電話：02-2657-9211　　　傳真：02-2657-9106
　　　　　E-mail：service@showwe.com.tw
經 銷 商 / 紅螞蟻圖書有限公司
　　　　　台北市內湖區舊宗路二段 121 巷 28、32 號 4 樓
　　　　　電話：02-2795-3656　　　傳真：02-2795-4100
　　　　　http://www.e-redant.com

2006 年 7 月 BOD 再刷
定價：220 元

讀　者　回　函　卡

感謝您購買本書，為提升服務品質，煩請填寫以下問卷，收到您的寶貴意見後，我們會仔細收藏記錄並回贈紀念品，謝謝！

1. 您購買的書名：_____

2. 您從何得知本書的消息？

　□網路書店　□部落格　□資料庫搜尋　□書訊　□電子報　□書店

　□平面媒體　□ 朋友推薦　□網站推薦 □其他_____

3. 您對本書的評價：(請填代號　1.非常滿意 2.滿意 3.尚可 4.再改進)

　封面設計____　版面編排____　內容____　文/譯筆____　價格____

4. 讀完書後您覺得：

　□很有收獲　□有收獲　□收獲不多　□沒收獲

5. 您會推薦本書給朋友嗎？

　□會　□不會，為什麼？_____

6. 其他寶貴的意見：_____

_____

_____

_____

讀者基本資料

姓名：_____　年齡：_____　性別：□女 □男

聯絡電話：_____　E-mail：_____

地址：_____

學歷：□高中(含)以下　□高中　□專科學校　□大學

　　　□研究所(含)以上 □其他_____

職業：□製造業 □金融業 □資訊業 □軍警 □傳播業 □自由業

　　　□服務業 □公務員 □教職　□學生 □其他_____

(請沿線對摺寄回,謝謝!)

秀威與 BOD

BOD（Books On Demand）是數位出版的大趨勢，秀威資訊率先運用 POD 數位印刷設備來生產書籍，並提供作者全程數位出版服務，致使書籍產銷零庫存，知識傳承不絕版，目前已開闢以下書系：

一、BOD 學術著作—專業論述的閱讀延伸
二、BOD 個人著作—分享生命的心路歷程
三、BOD 旅遊著作—個人深度旅遊文學創作
四、BOD 大陸學者—大陸專業學者學術出版
五、POD 獨家經銷—數位產製的代發行書籍

BOD 秀威網路書店：www.showwe.com.tw
政府出版品網路書店：www.govbooks.com.tw

永不絕版的故事・自己寫・永不休止的音符・自己唱